RAUMGESTALTUNG

entwickeln und pädagogisch begleiten

Qualität in Ganztag, Hort und Schulkindbetreuung
Herausgegeben von Manja Plehn
RAUMGESTALTUNG

Downloads unter
www.herder.de/extras

Manja Plehn, Stefan Appel

Raumgestaltung

entwickeln und pädagogisch begleiten

HERDER

FREIBURG · BASEL · WIEN

MIX
Papier | Fördert gute Waldnutzung
FSC® C010798
www.fsc.org

2. überarbeitete Auflage 2023

www.herder.de

Coverfoto: © HABA Sales GmbH & Co. KG
Fotos im Innenteil: S. 10, 38, 86–88 © Gemeinde Wutöschingen / Alemannenschule Wutöschingen; S. 18, 28, 40, 43, 60, 61, 66, 73 © Eromesmarko/flex-i gmbh; S. 36 © Kinderhort Freiraum, ASB Hersbruck; S. 50 © Erika-Mann-Grundschule, Berlin; S. 53 © Till Hückels / Zumtobel; S. 55–59, 63–65, 67, 70, 80 © HABA Sales GmbH & Co. KG; S. 62 © Schulkindbetreuung Schlossgespenster Heusenstamm; S. 69, 82, 83 © Elbtischler, Hamburg; S.9, 66, 85 © LERNLANDSCHAFT, Röckingen; S. 72 © Jens Ellensohn/Zumtobel; S. 74 f. © Lernwaben-planidee gmbH; S. 78 © Lindenfeldschule, Schaafheim/Mosbach; S. 76 © Michael Fink, Berlin; S. 91 © Grundschule Landsberger Straße, Herford

Gesamtgestaltung: Sabine Ufer, Leipzig
Satz: Daniel Förster, Belgern

Herstellung: Graspo CZ, Zlín
Printed in the Czech Republic

ISBN (Print) 978-3-451-38607-7
ISBN (PDF) 978-3-451-81881-3
ISBN (EPUB) 978-3-451-82216-2

Inhalt

Einleitung

von Manja Plehn

Die Zahl der Kinder, die in Deutschland einen Hort, eine Ganztagsschule oder eine Übermittagbetreuung besuchen, steigt. Im Jahr 2020 nutzten rund 1,6 Millionen Kinder eines der verschiedenen Angebote zur Betreuung nach dem Unterricht im Rahmen der Ganztagsschule bzw. im Hort (vgl. Plehn 2023: 11). Durch die längere und häufigere Teilnahme an ganztägiger Bildung und Betreuung werden diese Institutionen zur täglichen Lebenswelt der Kinder und sind sehr bedeutend für ihre gute Entwicklung und Bildung. Kinder im Grundschulalter »wollen ihre Welt entdecken und aktiv gestalten, mitreden. Sie wollen mit anderen Kindern zusammentreffen, mit ihnen spielen, arbeiten, lernen, sich herausfordern lassen« (Strätz et al. 2008: 71). Die Räume, deren Gestaltung und ihre Ausstattung tragen entscheidend dazu bei, ob die Kinder sich wohlfühlen, ihren Ideen, Themen, Interessen nachgehen und sich bilden können.

Ganztägige Angebote für Kinder in der mittleren Kindheit sind genauso als Lebensräume und Bildungsräume zu verstehen wie die Krippe und der Kindergarten auch. Die Räumlichkeiten dieser pädagogischen Einrichtungen sind daher so zu gestalten, dass sie von den pädagogischen Akteuren zur Erfüllung ihrer pädagogischen Aufgaben genutzt werden können. Eine gute Raumqualität stellt sich allerdings in der Praxis selten von alleine ein (vgl. Bensel, Martinet & Haug-Schnabel 2018: 323).

Was also sind die fachlichen Grundlagen qualitätvoller Raumgestaltung für Hort, Schulkindbegleitung und Ganztagsschule? Welche Aufgaben haben die pädagogischen Akteure im Handlungsfeld Raumgestaltung? Welche inspirierenden Praxisideen gibt es?

Ob Sie die Qualität der Raumgestaltung in Ihrer Einrichtung verbessern oder ob Sie für eine neu zu schaffende Einrichtung denken möchten: In diesem Buch finden Sie wissenschaftlich fundiertes Grundlagenwissen sowie fachlich fundierte praktische Impulse zur pädagogischen Gestaltung von Lebens- und Bildungsräumen des pädagogischen Handlungsfeldes »Raumgestaltung«.

Im ersten Kapitel wird das Handlungsfeld »Räume« in den Kontext der fachlichen Diskussion um pädagogische Qualität eingeordnet. Zunächst geht es um eine Definition und Erläuterung dessen, was unter »Raumqualität« zu verstehen ist. In einem zweiten Schritt wird erläutert, welche einzelnen Aspekte der Raum- und Ausstattungsqualität auf die Bildung und das Verhalten von Kindern wirken.

Wie in allen Bänden dieser Reihe stehen als Ausgangspunkt qualitätvoller Pädagogik in der mittleren Kindheit die Bedürfnisse, Themen und Interessen der Kinder im Fokus – das gilt auch für das Handlungsfeld Raumgestaltung. Welche Aspekte sind dabei zu berücksichtigen? Welche Zusammenhänge ergeben sich für die Gestaltung der Räumlichkeiten (→ Kap. 2)?

Welche Aufgaben haben die pädagogischen Akteure in Hort, Schulkindbegleitung und Ganztagsschule in diesem Handlungsfeld? Es geht vor allem um die Interaktion mit den Kindern: zwischen Gewähren-Lassen – um den Kindern eine eigenständige Nutzung der Räume und Ausstattung zu ermöglichen – und der gezielten Unterstützung bei der Wahrnehmung und Nutzung der Räume. Warum ein ausgearbeitetes Raumkonzept für das Handeln der pädagogischen Akteure grundlegend wichtig ist und wie ein solches Konzept partizipativ mit den Kindern weiterentwickelt werden kann, ist ebenso Thema dieses Kapitels wie die Feststellung, Sicherung und Weiterentwicklung der Raumqualität, ebenfalls eine zentrale Aufgabe der pädagogischen Akteure (→ Kap. 3).

Anschließend wird kurz auf strukturelle Aspekte von Raumqualität eingegangen, darunter Basisfaktoren wie Licht, Farben, Luft und Akustik (→ Kap. 4).

Der Schwerpunkt dieses Buches sind fachlich fundierte praktische Impulse zur Gestaltung von Bildungsräumen für ganztägige Angebote der Entwicklungs- und Bildungsbegleitung in Hort, Schulkindbegleitung und Ganztagsschule, ausgehend von den Bedürfnissen, Themen und Interessen der Kinder (→ Kap. 5):

- Sich bewegen, spielen, den Körper erfahren
- Den Peers begegnen, zusammen sein
- Sich zurückziehen, ausruhen, erholen
- Konzentriert und selbstständig lernen, entdecken, recherchieren
- Die Welt verstehen – (auch) mit den Händen
- Medien nutzen: spielen, recherchieren, lernen

Zwei Praxisbeispiele, wo viele Aspekte der Raumgestaltung gelingend umgesetzt wurden, finden Sie im letzten Kapitel, mit Einblicken in Ausstattung und Konzeption der Alemannenschule Wutöschingen (Baden-Württemberg), sowie zum Münchner Lernhauskonzept (Bayern) (→ Kap. 6). Zum Schluss gibt es einen Ausblick wie Schulentwicklung gelingen kann,wenn sich Pädagogik, Architektur und Ausstattung verbinden.

Um die Ansichten, Meinungen der Kinder zu erfahren, wurden 26 Kinder zwischen 6 und 10 Jahren in Bayern und Baden-Württemberg zu ihren Wahrnehmungen und Ansichten zu den Räumen ihrer Einrichtung befragt. Einige der Antworten werden im Folgenden zitiert.

Ich danke allen Kindern und den pädagogischen Fachkräften sehr herzlich, dass sie mitgemacht haben!

Ich wünsche Ihnen eine spannende Lektüre!
Ihre Manja Plehn

Von der Schulkindbetreuung zur Schulkindbegleitung
Vielerorts wurden Einrichtungen für Grundschulkinder »Schulkindbetreuung« oder auch schlicht nur »Betreuung« genannt. Mittlerweile wehrt sich die Praxis dagegen, auf ihren Betreuungsauftrag reduziert zu werden. Sie verstehen sich auch als Bildungseinrichtung und wollen so verstanden und genannt werden. Das zeigen Diskussionen in der AG Kinder zwischen 6 und 12 Jahren der Bundesarbeitsgemeinschaft Bildung und Erziehung in der Kindheit e. V. (BAG-BEK). Da auch wir AutorInnen diese Haltung vertreten, verwenden wir in diesem Band ausschließlich den Begriff Schulkindbegleitung. Er drückt aus, dass die pädagogischen Einrichtungen Kinder im Grundschulalter in ihrer Entwicklung und Bildung begleiten. Dass sie auch einen Betreuungsauftrag haben, ist dabei mitgedacht.

Nischenlösung der Grund- und Mittelschule in Bechhofen.

Manja Plehn hat zu diesem Buch Reflexionsimpulse zum pädagogischen Handlungsfeld »Raumgestaltung« entwickelt. Die Reflexionsimpulse bieten Ihnen eine strukturierte Möglichkeit, einen Eindruck der Qualität in Ihrer Einrichtung zu gewinnen. Dazu zählen organisatorische und strukturelle Gestaltung sowie die soziale Interaktion zwischen den pädagogischen Fachkräften mit den Kindern. Darüber hinaus wurden Dialogimpulse für Kinder entwickelt mit Fragen, die Sie an die Kindern stellen können.

Downloads unter www.herder.de/extras

1. Räume in Hort und Ganztagsschule

von Manja Plehn

Lernatelier und Arbeitsplätze in der Alemannenschule Wutöschingen, eine Gemeinschaftsschule im Landkreis Waldshut, Baden-Württemberg (→ Kap. 6, S. 86 f.)

Was Kinder sich wünschen

»Unser Zimmer soll schön groß sein, mit zehn Fenstern, ein Teppichboden, Tischen und Stühlen, einem Fernseher, einer Musikanlage, Kuscheltiere, Bett, Bücher, Drohne, Spielekonsolen, Sofa, eine Disco Lampe, ein Schlagzeug, eine Uhr und einen Tresor.«

Räume können nicht nicht wirken (van Dieken 2014: 34). Sie wirken immer, ob die pädagogischen Akteure anwesend sind oder nicht. »Räume können elementare Gefühle in uns auslösen und sie geben uns wichtige symbolische Botschaften über die Bedeutung und Funktion des Raumes sowie über die Bedeutung der Menschen, die diesen Raum nutzen« (Opp 2015: 10). Räume können z. B. Distanz schaffen oder im Gegenteil Wohlbefinden auslösen.

1.1 Pädagogische Qualität

Dieser Band orientiert sich wie die anderen Bände der Reihe zu Qualität in Hort, Schulkindbegleitung und Ganztagsschule an einer sozialökologischen und ökokulturellen Konzeption von Bildung und Entwicklung von Kindern. Es ist ein national und international anerkanntes Modell von pädagogischer Qualität für die Bildung und Betreuung in der frühen Kindheit (vgl. z. B. Tietze et al. 2012). Wie in Abbildung 1 sichtbar, ist die Bildung und Entwicklung eines Kindes abhängig von verschiedenen Faktoren und Systemebenen. Die außerfamiliäre Betreuungsform eines Kindes wird als ein Setting verstanden, das von verschiedenen Merkmalen der Orientierungs-, Struktur- und Prozessqualität sowie der Qualität des Familienbezugs gekennzeichnet ist. Die Prozesse der Bildung und Betreuung (Entwicklungsbegleitung) von Kindern sowie die Prozesse des Familienbezugs werden als abhängig von Merkmalen der Orientierungsqualität (z. B. pädagogische Konzeption) und der Strukturqualität (z. B. Ausbildung des pädagogischen Personals, Erzieher-Kind-Schlüssel) verstanden. Die pädagogische Forschung zeigt, dass diese drei Qualitätsdimensionen Einfluss auf die kindliche Bildung und Entwicklung haben (u.a. Viernickel et al. 2016).

Das System »Familie« und das System »Familienexternes Betreuungssetting« beeinflussen sich dabei im Alltag der Kinder »und es gibt mannigfache Wechselwirkungen« (Tietze et al. 2012: 4).

In der Perspektive der pädagogischen Qualitätsforschung werden Räume und deren Ausstattung im Bereich der Strukturqualität erfasst. Aspekte der räumlich-materiellen Ausstattung und ihrer Nutzung sind eine der Voraussetzungen der Prozessqualität. Prozessqualität bezieht sich auf den »Umgang mit dem Kind, auf entwicklungsangemessene und auf die Bedürfnisse der Kinder abgestellte Interaktionen, auf gezielte Bildungsanregungen in den verschiedenen Bereichen, auf gemeinsam durchgeführte Projekte, auf die Dynamik des pädagogischen Geschehens in seiner Gesamtheit, einschließlich der Zusammenarbeit mit Eltern und Lehrern« (Tietze et al. 2007: 7).

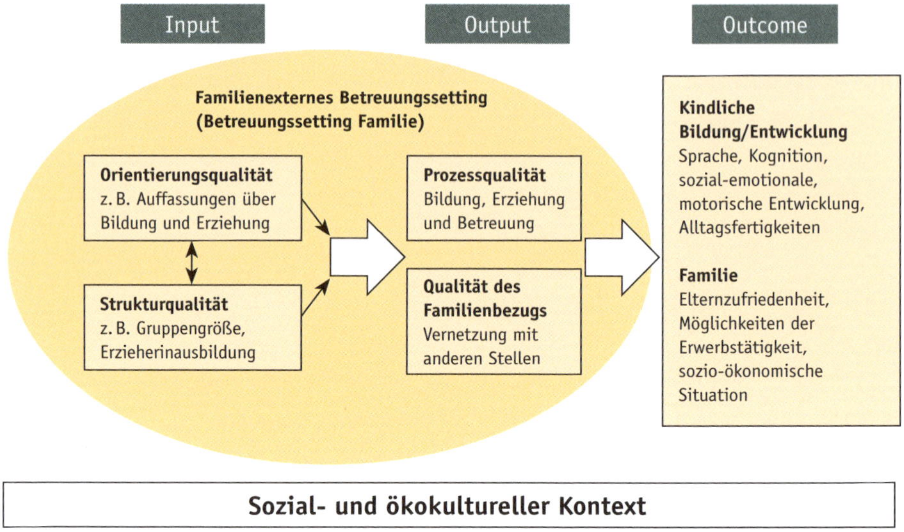

Abb. 1: Sozialökologische und ökokulturelle Konzeption von Bildung und Entwicklung (Tietze et al. 2012: 13)

1.2 Raumqualität als Strukturfaktor

Pädagogische Strukturqualität bezeichnet Rahmenbedingungen, die der Praxis vorgegeben sind, da sie meist politisch geregelt sind. Sie umfasst Personalmerkmale wie die Ausbildung der Fachkräfte oder auch die ihnen zugestandene Vorbereitungszeit, soziale Merkmale wie Gruppengröße, Altersmischung der Gruppe, Erzieher-Kind-Schlüssel sowie räumlich-materiale Merkmale wie Anzahl und Größe der zur Verfügung stehenden Räume, innen, außen und im Umfeld, und deren Ausstattung (vgl. Tietze et al. 2005: 7).

In dem Projekt »Qualität für Schulkinder in Tageseinrichtungen« (QUAST), das im Rahmen der »Nationalen Qualitätsinitiative im System der Tageseinrichtungen für Kinder« des Bundesministeriums für Familie, Senioren, Frauen und Jugend vom Sozialpädagogischen Institut in Nordrhein-Westfalen ab Dezember 1999 durchgeführt wurde, wird Strukturqualität allerdings weiter gefasst. Wie Abbildung 2 zeigt, umfasst sie:

1. die »gesamtgesellschaftlichen, soziokulturellen, politischen Entwicklungen«,
2. die »sozialräumlichen Gegebenheiten bzw. die sozialräumliche Verortung der Einrichtung« und
3. die »strukturellen Gegebenheiten der Einrichtung: Raum, Personal, Öffnungszeiten, Gruppengröße, Alter der Kinder etc. und die Organisationsstruktur« (Strätz et al. 2008: 66).

Die Autorengruppe zielt mit dieser Sichtweise darauf ab, insbesondere »die Wechselbeziehungen zwischen gesellschaftlichem Wandel, den Veränderungen in den Lebenswelten der Kinder und der Arbeit in den Einrichtungen« deutlich zu machen (ebd.). Denn die gesamtgesellschaftlichen Bedingungen und Entwicklungen wirken bis auf die konkreten Bedingungen der einzelnen pädagogischen Einrichtungen zur Ganztagsbildung im Grundschulalter. Das soll die hinterlegte Trichterform verdeutlichen.

Damit rückt die Qualität der Räume und deren Ausstattung in den Fokus: Aspekte der Raum- und Ausstattungsqualität wie etwa die Raumgröße und -gestaltung sowie das Ausstattungsangebot sind wirkmächtige strukturelle Faktoren, neben der Fachkraft-Kind-Relation, der pädagogischen Qualifikation des Personals und weiteren Qualitätsmerkmalen (vgl. Bensel, Martinet & Haug-Schnabel 2016: 320).

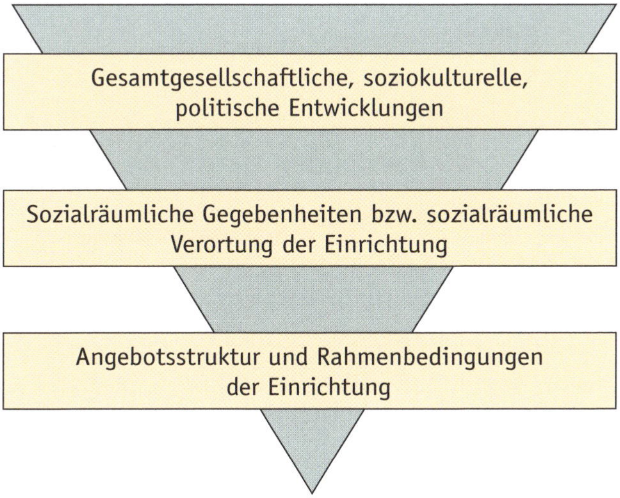

Abb. 2: Die Bereiche der Strukturqualität in einem weiten Verständnis (Strätz et al. 2008: 66)

1.3 Raumqualität als pädagogischer Faktor

Die Räume und die Dinge werden in der Erziehungswissenschaft unter dem Begriff der »Materialität« der Pädagogik gefasst (Nohl & Wulf 2013). In den Räumen und in ihrer Ausstattung mit Dingen materialisiert sich pädagogisches Handeln. Guter Unterricht und gute Pädagogik sind nicht durch optimale Raumgestaltung zu ersetzen. Aber guter Unterricht und gute Pädagogik können durch Architektur, eine überlegte und funktionale Raumgestaltung deutlich unterstützt werden (vgl. Opp 2015: 11).

In der Pädagogik der Frühen Kindheit ist unbestritten, dass dinglich materiell vermittelte Erfahrungen bedeutsam für Bildung und Entwicklung der Kinder sind (vgl. Neumann 2012: 169; vgl. Cloos, Bensel, Haug-Schnabel, Wadepohl & Weltzien 2018: 13).

Dass Dinge und Räume bedeutsam sind für die Bildung von Kindern, ist ein Gedanke, der sich bereits in den pädagogischen Ansätzen von Rousseau, Fröbel, Montessori und in der Reggio-Pädagogik findet – die Reggio-Pädagogik erklärt gar den Raum zum »dritten Erzieher«.

Von Räumen und Dingen soll ein spezifischer Aufforderungscharakter ausgehen (vgl. Stieve 2008), eine »Aufforderung zur Bildung« (Liegle 2010: 13). Ludwig Liegle sieht in Räumen und ihrer Gestaltung eine »indirekte« Bildung und Erziehung: Der Raum mit den Dingen soll »zufällige« Lernprozesse« anbahnen.

Wissen Kompakt

Der Raum als »dritter« Erzieher in der Reggio-Pädagogik

In der Reggio-Pädagogik sind die Räumlichkeiten von großer pädagogischer Bedeutung. Sie wurden in Zusammenarbeit mit Architekten bewusst konzipiert, um ihrer Bedeutung als Lebens- und Begegnungsräume für Kinder und die Erwachsenen gerecht zu werden.

»Räume dienen dem Ziel, das Staunen über die Vielfalt, die Geheimnisse und den Zauber der alltäglichen Phänomene wiederzuentdecken. Unsere Einrichtungen sind vor allem Werkstätten, in denen Kinder die Welt untersuchen und erforschen (Aus der unveröffentlichten Mitschrift eines Gesprächs mit Loris Malaguzzi, o. O., o. J., zit. nach Brockschnieder 2017: 50).

In der Reggio-Pädagogik sollen Räume insbesondere folgende Aufgaben erfüllen (Brockschnieder 2017: 47):

1. Wohlbefinden und Sicherheit erzeugen
2. Lernanreize schaffen
3. Beziehungen fördern
4. Kommunikation ermöglichen

Schäfer und Beek sehen im Raum gar den »ersten Erzieher«. Denn die Fachkraft (als vormals erster Erzieher) tritt in ihren Augen angesichts des Bildes vom aktiven, neugierigen, selbsttätigen Kind in den Hintergrund, während die vorbereitete Umgebung die Kinder zu selbstbildendem Handeln inspirieren soll (vgl. Schäfer & Beek 2013: 125–166).

Daneben sind jedoch auch soziale ko-konstruktivistische Sichtweisen in der Pädagogik der Kindheit unbedingt zu berücksichtigen, die davon ausgehen, dass Kinder ebenso in Interaktion mit den pädagogischen Fachkräften lernen und sich bilden (vgl. u.a. Fthenakis 2009).

1.4 Wissenschaftliche Studien zu Effekten guter Raumqualität

Studien in Feldern der Kindertagespflege und in Kindergärten über Effekte von Räumen und Ausstattungen auf Kinder zeigen einen direkten Zusammenhang zwischen der Raumgröße und der pädagogischen Qualität. Empirisch gut belegt ist, dass mehr nutzbare Quadratmeter in Kindertagesstätten und Kindertagespflege, also bessere Rahmenbedingungen, zu besseren Interaktionen zwischen pädagogischen Fachkräften und Kindern führen. Damit beeinflusst die Raumqualität indirekt die Entwicklung der Jungen und Mädchen (einen aktuellen Überblick geben Bensel, Martinet & Haug-Schnabel 2016: 317 ff.).

1.4.1 Effekte guter Raumqualität auf Verhalten und Entwicklung von Kindern

Waren die Räume in der Kinderkrippe für Kinder zwischen einem und zwei Jahren zu klein, wurden vermehrt Auseinandersetzungen wie Haare ziehen, kneifen, beißen, Sachen wegnehmen beobachtet (Wüstenberg 1992: 169). Mehr Raumfläche korrelierte hingegen mit einer verbesserten pädagogischen Prozessqualität. Zum Beispiel zeigten sich dadurch positive Effekte auf die Sozialkompetenz und Alltagsfähigkeiten der Kinder bis zum Alter von acht Jahren (vgl. ECCE-Study Group 1997, zit. nach Tietze & Völkel 2005: 8; Tietze 1998). Verfügen Kinder im Kindergarten über mehr Quadratmeter für ihre Aktivitäten, verringert sich der Dichtestress, also die psychische Belastung durch zu viele Personen pro Fläche (Legendre 2003).

Auch internationale Studien zeigen, dass nicht nur die Fläche, sondern auch die Gestaltung und die Ausstattung der Kindertageseinrichtungen das Lernen, die Kreativität das Verhalten und das kulturelle Interesse der Kinder beeinflussen (vgl. Dearing et al 2009).

Kinderstimmen

Frage: Wenn du an die Räume in deinem Hort denkst, fühlst du dich darin eher wohl oder eher unwohl?

Ferdinand, 6 Jahre: Ich fühle mich wohl, weil ich bauen und malen kann, was ich will und weil ich meine Freunde treffe.

Paula, 8 Jahre: Ich fühle mich im Hort wohl, weil es Spielsachen gibt, die ich daheim nicht habe.

Constantin, 9 Jahre: Ich fühle mich wohl, weil alle Räume groß und hell sind, wir einen breiten Flur haben für viele Kinder und genug Platz für unsere Party an Fasching.

Maximilian, 8 Jahre: Ich fühle mich hier wohl, weil es nette Erzieherinnen gibt. Jedes Kind hat seinen eigenen Haken für die Zimmer. Und weil wir viele verschiedene Spielmöglichkeiten (Lego, Bausteine, Playmobil Häuser, Kuscheltiere, Tischspiele etc.) in den Zimmern haben.

Sophia, 9 Jahre: Ich fühle mich auch wohl, weil es große Zimmer gibt, meine Freunde hier sind und wir unterschiedliche Möglichkeiten zum Spielen haben.

1.4.2 Effekte der Beschaffenheit und Ausstattung der Räume

Eine weitere Studie zeigt, dass Erwachsene in sicheren Räumlichkeiten die Kinder agieren lassen können und sie nicht vor gefährlichen Gegenständen oder Aktivitäten zurückhalten müssen. Das hat positive Auswirkungen auf die Interaktion zwischen den Erwachsenen und den Kindern. Am Beispiel der Kindertagespflege in Familien zeigte dies Howes bereits 1983.

Sind die Räumlichkeiten gut definiert, klar begrenzt und die Bereiche derart ausgestattet, dass sie relativ eindeutig zu bestimmten Aktivitäten einladen, zeigten sich die Kinder explorationsfreudiger, waren kooperativer, konzentrierter in ihrem Tun und waren häufiger in entwicklungsförderliche Aktivitäten verwickelt. Auch in einer Studie von Moore (1986) wurde eine starke Wechselwirkung des Verhaltens der pädagogischen Fachkräfte mit der räumlichen Gestaltung bzw. der Interaktion mit dem Verhalten von Kindern festgestellt.

Der Anregungsgehalt der Materialien und (Spiel-)Gegenstände hatte ebenfalls messbare Effekte auf das Verhalten, die Aktivitäten und das Explorationsverhalten der Kinder. Entscheidende Aspekte waren, ob genügend und entwicklungsgerechte fest montierte und frei bewegliche Spielgeräte und Spielmaterialien vorhanden waren, z. B. Gelegenheiten zum Klettern, Balancieren, Schaukeln, Bälle, Fahrzeuge etc. (Gubbels et al. 2011).

1.5 Fazit

Die Gestaltung, der Zuschnitt und die Größe der frühpädagogischen Umgebung beeinflussen das Lernen, die Kreativität, das Verhalten und das kulturelle Interesse der Kinder. Auf qualitätvoller Basis können die pädagogischen Fachkräfte ihre Interaktionen qualitätvoll gestalten und den Kindern individuell abgestimmte Anregungen bieten. Es liegt nahe, vorläufig anzunehmen, dass die empirischen Befunde zu Räumen und deren Ausstattung für Kinder in der mittleren Kindheit in den institutionellen Kontexten Hort, Schulkindbegleitung und Ganztagsschule nicht gänzlich widerlegt würden.

2. Bedürfnisse von Kindern in der mittleren Kindheit – Ausgangspunkt pädagogischer Raumgestaltung ganztägiger Bildung

von Manja Plehn

Teilweise mit beweglichen Möbeln gestalteter multifunktionaler Raum, der einlädt zum Lernen, Spielen und Kommunizieren (→ Kap. 5, S. 48 f.).

Was Kinder sich wünschen

»Ich mag das Kreativ-Zimmer. Wegen der vielen Bastelmöglichkeiten. Weil ich da malen kann und manchmal auch auf der Bühne tanzen darf. Weil das Kreativ-Zimmer schön groß ist.«

Kinder im Grundschulalter »wollen ihre Welt entdecken und aktiv gestalten, mitreden. Sie wollen mit anderen Kindern zusammentreffen, mit ihnen spielen, arbeiten, lernen, sich herausfordern lassen und selbst herausfordern – auch und manches Mal gerade gegen die Erwachsenen« (Strätz et al. 2008: 71). Die Räume, deren Gestaltung und ihre Ausstattung tragen entscheidend dazu bei, ob die Kinder sich wohlfühlen, ihren Ideen, Themen, Interessen nachgehen und sich bilden können.

Kinder im Grundschulalter befinden sich vor spezifischen entwicklungsbezogenen Herausforderungen. Das Verhältnis zur Umwelt, zu anderen und zu sich selbst verändert sich. Eine gute Entwicklung ist unmittelbar abhängig von der Befriedigung der sogenannten existenziellen Grundbedürfnisse: Essen, Trinken,

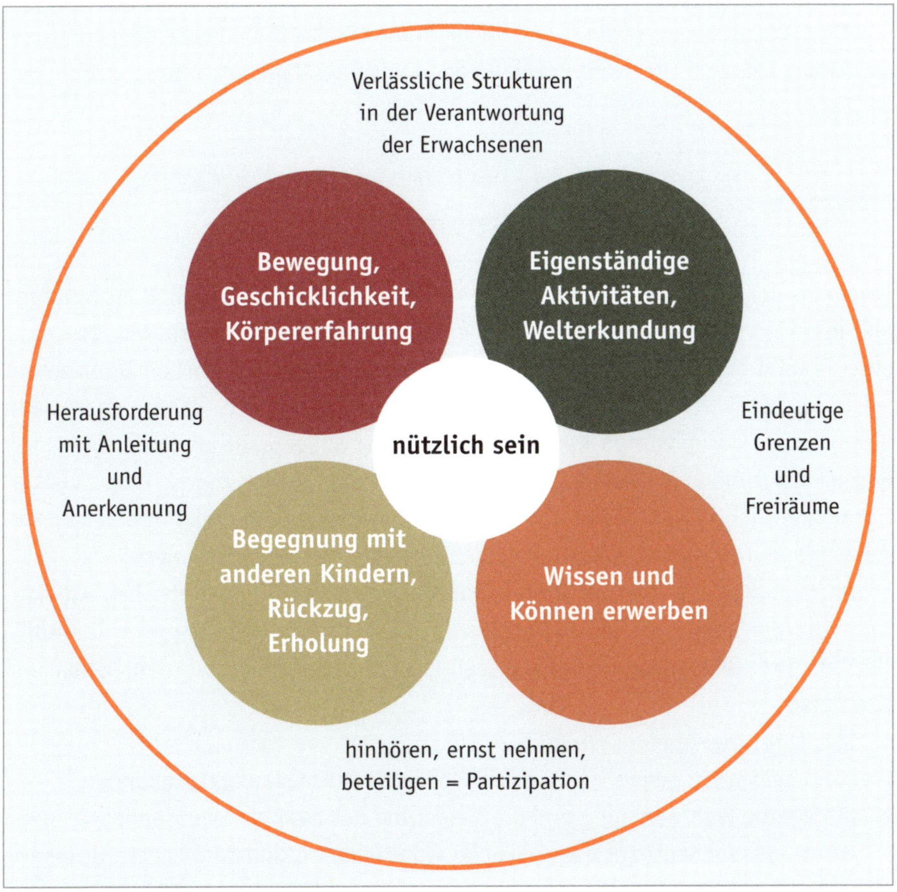

Abb. 3: Entwicklungsspezifische Bedürfnisse und Lebensthemen von Kindern in der mittleren Kindheit (vgl. Enderlein 2015: 50)

Schlafen, Wärme, Gesundheit, Unterkunft sowie der Erfüllung sozialer Bedürfnisse wie der Kontakt zu anderen, die Einbindung in die Gemeinschaft und auch die Zuwendung, Wertschätzung, Fürsorge und Liebe durch andere (vgl. Maslow 1943, Ryan & Deci 2018). Kinder in der mittleren Kindheit haben spezifische Bedürfnisse und sogenannte Lebensthemen. Diese unterscheiden sich mitunter deutlich von spezifischen Bedürfnissen zwischen null und drei wie auch zwischen drei und sechs Jahren. Die Beantwortung und Befriedigung dieser Grund- und entwicklungsspezifischen Bedürfnisse und Themen von Kindern in der mittleren Kindheit ist außerordentlich wichtig für ihre gute und gesunde Entwicklung (vgl. Enderlein 2023: 110 ff.). Daher bilden sie die zentralen Orientierungspunkte für die Ausrichtung der Arbeit ganztägiger Angebote für Kinder in dieser Altersstufe und eben auch für eine kindgerechte Raumgestaltung. Die Abbildung 3 verdeutlicht die zentralen Aspekte, im Folgenden werden sie auf der Grundlage des Beitrags von Oggi Enderlein im ersten Band dieser Reihe (Plehn 2023: 110–124) erläutert, um daraus Impulse zur qualitätvollen pädagogischen Raumgestaltung abzuleiten.

2.1 Sich bewegen, Geschicklichkeit entwickeln, den eigenen Körper spüren

Kinder in der mittleren Kindheit haben einen enormen Drang, sich zu bewegen und ihren Körper auf viele verschiedene Weisen zu erfahren, zu spüren, zu erproben. Es geht auch darum zu erproben, wo die eigenen körperlichen Grenzen der Leistungsfähigkeit, des Schmerzes, der Geschicklichkeit etc. liegen. Dieses Bedürfnis ist in der mittleren Kindheit noch stärker ausgeprägt als in der frühesten und in der frühen Kindheit (vgl. Eaton 2001: 213). Bewegung ist dabei vielseitig: in alle Richtungen gegen unterschiedlich starke Widerstände, in diversen Geschwindigkeiten, auf verschiedenen sich bewegenden Gegenständen.

Durch Bewegung aller Art findet schließlich Muskelaufbau statt. Das ist wichtig, denn der immer größer und schwerer werdende kindliche Körper will stabilisiert werden. Bewegung hat zudem mehrere positive Effekte auf den Körper und den Geist:

- Sie stärkt das Immunsystem,
- wirkt präventiv gegen Übergewicht sowie Herz-Kreislauf-Erkrankungen,
- fördert die Wahrnehmung und die Steuerung des eigenen wachsenden Körpers,
- wirkt ausgleichend auf das seelische Wohlbefinden und sorgt auch für emotionale Ausgeglichenheit (vgl. Enderlein 2023: 113).

Um diese guten Effekte wirksam werden zu lassen, sollten sich Kinder zwischen sechs und elf Jahren täglich mindestens 90 Minuten in moderater bis hoher Intensität bewegen – am besten an der frischen Luft. So die Forderung in den Nationalen Empfehlungen für Bewegung und Bewegungsförderung (Rütten & Pfeifer 2016: 25), wo weiter ausgeführt wird, dass 60 Minuten davon durch Alltagsaktivitäten, z. B. mindestens 12.000 Schritte/Tag, erreicht werden können.

> Die Kinder haben nach der langen Phase des Sitzens und der Konzentration während des Unterrichts einen deutlichen Bedarf an Bewegung. Die formalen und non-formalen Bildungskontexte für Kinder in der mittleren Kindheit wie Hort, Schulkindbegleitung und Ganztagsschule sollten dieses Bewegungsbedürfnis der Kinder in der Gestaltung und Ausstattung ihrer Räumlichkeiten zuvorderst berücksichtigen. Kinder brauchen dazu mehrere und vielfältige anregungsreiche Angebote sowohl im Innen- wie auch im Außenbereich ihrer Einrichtung.
> Vorschläge für die entsprechende Gestaltung von Innenräumen → Kap. 5.

2.2 Eigenverantwortlich das Umfeld erkunden

Kinder in der mittleren Kindheit möchten noch häufiger über sich und ihre Aktivitäten selbst bestimmen als noch in der frühen Kindheit. Sie würden ihre Zeit gern eigenständig planen, sie am liebsten mit Freunden, ohne Aufsicht durch Erwachsene verbringen, draußen sein, in ihrem Wohn- und Lebensumfeld »stromern«, »die Gegend unsicher machen«, »um die Ecken ziehen«, wie es früher hieß. Studien zeigen, dass das nach wie vor die beliebteste Beschäftigung ist. Allerdings zeigen diese Studien auch, dass sich Kinder in der mittleren Kindheit zunehmend seltener in ihrer Freizeit mit Freunden (draußen) treffen, um die Welt zu erkunden (vgl. Wolfert & Pupeter 2018: 98, Kinder-Medien-Studie 2018: 9, PROKIDS 2016: 57, MPFS – Medienpädagogischer Forschungsverbund Südwest 2016: 13).

Kinder zwischen sechs und 12 Jahren fühlen sich nun weniger von den ihnen bekannten Spielplätzen mit Rutschbahn und Sandkasten angezogen. Oder sie nutzen sie für Spielideen, die mitunter jüngere Besucher in Gefahr bringen, indem sie z. B. extrem tiefe Löcher graben oder aus herausfordernden Höhen herabspringen.

Große Kinder suchen gern das Risiko. Mit Risiken zu spielen ist ein zentrales Lebensthema in dieser Entwicklungsphase. Die Kinder lernen dabei, sich Ziele zu suchen, die jenseits der eigenen Erfahrungen und Grenzen liegen. Risiken rechtzeitig zu erkennen, deren Folgen abzuschätzen und angemessen zu reagieren, ist manchmal überlebenswichtig, aber auch im Alltag hilfreich. Daher sind die Gemeindeunfallversicherungen dafür, in Schule und Freizeitangeboten Risiko-Herausforderungen zuzulassen (vgl. Deutsche Gesetzliche Unfallversicherung 2005: 42).

Besuchen Kinder ganztägige Angebote zur Entwicklungs- und Bildungsbegleitung wie den Hort, die Ganztagsschule, die Schulkindbegleitung, gilt es für die pädagogischen Akteure, fachlich fundiert und konstruktiv zu überlegen, wie die Einrichtung diesen Bedürfnissen Gelegenheiten anbieten kann. Dafür sind Orte und Räume zu suchen, ggf. zu »reglementieren«, vermutlich eher von Regeln zu befreien, neue Gelegenheiten und damit Orte und (Frei-)Räume zu schaffen.

Beim Thema der Raumgestaltung sind zunächst die Kinder zu beobachten und zu fragen (siehe dazu auch die Dialogimpulse für Gespräche mit Kindern im Downloadbereich dieses Buches)

Downloads unter www.herder.de/extras

- Was tun die Kinder gern?
- Was würden die Kinder in der Einrichtung gern tun, es gibt aber nicht die Möglichkeit dafür?
- Was würden die Kinder in der Einrichtung gern tun, dürfen es aber nicht?

An welchen Stellen können ganztägige Angebote der Entwicklungs- und Bildungsbegleitung großer Kinder noch mehr zu einem kindgerechten Lebens-Raum werden, wo sie in eigener Verantwortung eigenständigen Aktivitäten nachgehen und eigene Herausforderungen bewältigen können?

Im (bildungsortübergreifenden und multiprofessionellen) Team sind dann vorhandene Möglichkeiten, Ressourcen, Räume/Orte bzw. bestehende Regeln zu betrachten, über Erweiterungen von Möglichkeiten bzw. Aufweichung von Regeln nachzudenken und erforderlichenfalls Neues zu schaffen.

Vorschläge für die entsprechende Gestaltung von Innenräumen → Kap. 5.

In dieser Phase möchten die Kinder auch ihren Bewegungsradius erweitern. Das zu Fuß oder mit dem Fahrrad erreichbare Wohnumfeld (gleichfalls das der Freunde) wird nun zum Lebensraum der Kinder: Auf Bäumen oder im Wald Höhlen, Buden, Verstecke bauen, mit dem Skateboard auf Sockel springen oder Treppen runterrattern, mit dem Fahrrad durch die Gegend streifen, am Bach spielen, Feuer machen, eigenständig einkaufen gehen, um dann selbst zu backen. Dabei geht es auch darum, in eigener Verantwortung selbst gesuchte Herausforderungen zu bewältigen. Ist das selbst gesteckte Ziel erreicht, entstehen Gefühle wie Stolz, Glück, Zugehörigkeit, welche das eigene Wohlbefinden und das Selbstwertgefühl stärken. Und wenn nicht, bleibt die Erfahrung, die mit Freunden gemeinsam geteilt werden kann und die Freiheit, nicht nur von Wegweisungen der Erwachsenen lernen zu sollen, sondern aus eigenen Fehlern und Erfahrungen lernen zu dürfen.

Tipp

Reinhard J. Wabnitz: »Aufsichtspflicht und Haftung in Horten nach dem BGB« in Band 1 dieser Reihe: Plehn 2023: 74–85.

2.3 Nützlich sein und Selbstwirksamkeit erfahren

Bereits in der frühen Kindheit entsteht der Wunsch, nützlich zu sein, einen Teil zum Leben beizutragen, zum Alltag, für das Zusammenleben etwas Wichtiges zu tun. In der mittleren Kindheit wachsen die Kräfte und die kognitiven Fähigkeiten. Doch wo sie einbringen, wofür sie benutzen? Wofür selbst wichtig sein?

Erfahrungen, gebraucht zu werden, etwas Wesentliches zum Leben in der Gemeinschaft beizutragen, Verantwortung zugetraut, anvertraut und übertragen zu bekommen, stärken das Selbstwertgefühl der Mädchen und Jungen. Es zeigt ihnen, dass die Erwachsenen Vertrauen haben in ihre Fähigkeiten oder zumindest in ihren Mut, etwas Neues auszuprobieren und bestimmt eine Idee für ein Problem zu erfinden. Das Vertrauen des anderen bewirkt Vertrauen in sich selbst – Selbstvertrauen.

Wenn Kinder eine selbst gewählte, zugetraute oder verpflichtende Aufgabe angehen, einen Teil zur Lösung beitragen und dafür authentische Anerkennung erhalten, können sie sich als selbstwirksam und als ein wichtiges Mitglied der Gemeinschaft erleben. Sie selbst haben etwas Entscheidendes zur Lösung beigetragen oder gar ganz allein ein Thema bearbeitet, eine Herausforderung gemeistert. Das erzeugt ein gutes Gefühl und gibt Zuversicht, auch zukünftige, noch unbekannte Herausforderungen bewältigen zu können. Es motiviert zudem, kreativ nach Ideen für Probleme, Phänomene und Herausforderungen zu suchen.

Kinder, die sich zutrauen, aus eigener Kraft ein gestecktes Ziel erreichen zu können, fühlen sich besser als Gleichaltrige, die dieses Selbstbild nicht haben. Kinder, die sich als selbstwirksam erleben, erzielen dann auch bessere schulische Ergebnisse (vgl. Schneekloth & Pupeter 2010, PROKIDS 2016: 65).

Pädagogische Akteure in ganztägigen Angeboten sind herausgefordert, auch in den Grenzen und Rahmenbedingungen ihrer pädagogischen Institutionen Gelegenheiten anzubieten, damit Kinder »echte« Erfahrungen machen können, sodass sie wirklich notwendige Dinge wie im »echten« Leben machen.

Im Themenbereich Raumgestaltung kann sich das auf im Alltag anfallende Aufgaben beziehen: Wohin die Stühle, die Tische, die Regale, die Pflanzen, welche Stehlampe und wohin? Echte Erfahrungen ergeben sich aber auch aus den selbst gewählten Aktivitäten der großen Kinder: Die Hängematte hat einen Riss, das Kind nimmt sie ab (ggf. von Erwachsenen gesichert, begleitet) und bringt sie mit einer Freundin zur Reparatur in die Raumausstatterwerkstatt. Die Pflanzen sehen trocken aus, die Kinder wollen einen Gießdienst entwickeln. Der Teppich stört, sie berufen eine Rederunde ein und suchen gemeinsam einen anderen Platz. Die Tür quietscht, ein Kind möchte das richtige Pflegemittel besorgen und es auftragen (vermutlich in Begleitung eines Erwachsenen). Vielleicht können die Kinder selbst entscheiden, ob und wie die Wände im Essensraum dekoriert werden oder welche Farbe die Stühle bei der Neuanschaffung haben sollen. Der Start gelingt hier sicher einfacher bei von den Kindern selbst gewählten Tätigkeiten, anstatt sie für Aufgaben zu verpflichten und Dienste zu verteilen.

Dürfen die Kinder für ihren Lebens-Raum Tätigkeiten übernehmen und wird ihnen nicht alles abgenommen – von zudem noch meist selten sichtbaren Erwachsenen wie Reinigungspersonal und Hausmeister –, können sie ein Gefühl der Identifikation im Sinne von »das ist mein – unser Ort, wir wollen uns hier wohlfühlen und handeln entsprechend« entwickeln. Das führt zur gefühlten und gezeigten Verantwortung für den eigenen Lebensraum in der pädagogischen Einrichtung.

Weitere Praxisimpulse geben die folgenden Kapitel.

2.4 Den Peers begegnen, sich zurückziehen und erholen

Große Kinder brauchen ihre Peers, ihre Gleichaltrigen. Andere Kinder und vor allem Freunde haben einen wesentlichen Einfluss auf das Wohlbefinden. In der Begegnung mit anderen, im Vergleich, in Auseinandersetzungen und auch im Streit mit anderen lernen sie sich selbst kennen, lernen den anderen kennen.

Große Kinder sind nun in der Lage, Einzelfreundschaften intensiv zu leben. Das braucht Zeiten für Begegnung und selbst gewählte gemeinsame Erfahrungen. Kinder unterstützen sich gegenseitig bei emotionalen Bedürfnissen, sie orientieren sich aneinander und sind sich so Modell für das soziale Handeln. Sie können auf diese Weise ihre Frustrationstoleranz ausweiten, Rücksichtnahme lernen, Einfühlsamkeit und Taktgefühl, Teamfähigkeit und Loyalität entwickeln (vgl. Enderlein 2023: 116–119).

Im Grundschulalter werden die Erfahrungen und Beziehungen mit anderen Kindern wichtiger. Erwachsene werden zwar nicht unwichtig, große Kinder wollen aber länger und häufiger auf sie verzichten und »auf eigene Faust« »losleben«. Erwachsene sind dann Anlaufstelle, wenn das Kind selbst nicht mehr weiterweiß und auch die Freunde nicht mehr helfen können.

Kinder ab etwa acht Jahren können ein spezielles Wir-Gefühl erleben. Sie identifizieren sich stärker mit ihrer »Gang« oder ihrer Bande. Das stärkt Freundschaften, und Freundschaften sind wichtig fürs Wohlbefinden.

Nach den anstrengen Stunden des Unterrichts, vor sich Hausaufgaben und Lernen, kommen Kinder in die ganztägigen Angebote der Entwicklungs- und Bildungsbegleitung. Sie wollen sich gleich oder später ausruhen und Stille erfahren, nachdem sie den Vormittag in großen Gruppen verbracht haben. Eine Zeitphase mit deutlich weniger Reizen für die Ohren und die Augen wäre wohltuend.

Wo können die Kinder in der Einrichtung diesen Bedürfnissen nachgehen? Gibt es ruhige Ecken zum Chillen und Abhängen – allein oder in einer kleinen Gruppe, auch mal ohne Erwachsene?

Gibt es Orte in der Einrichtung, wo Kinder einander wirklich begegnen können, quatschen, laut sein, sich austauschen, mit Freunden gemütlich rumlümmeln, dabei trinken, eine Kleinigkeit oder mehr essen? Kinder wollen sich, wie Erwachsene auch, nach einer anstrengenden Arbeitszeit entspannen, nichts leisten müssen, einfach auch mal loslassen.

Ganztägige Angebote der Entwicklungs- und Bildungsbegleitung müssen auch für diese Bedürfnisse zeitliche und räumliche Möglichkeiten anbieten. Andernfalls geraten Kinder in Stress, mit seinen vielfältigen negativen Auswirkungen.

Wie die Raumgestaltung diesen Bedürfnissen nachkommen kann, lesen Sie in den folgenden Kapiteln.

2.5 Die Welt verstehen und sie verändern

Ungefähr zu Beginn der mittleren Kindheit erweitert sich der Lebensradius der Kinder: Sie dürfen allein in die/von der Schule durch das Wohnviertel laufen, ohne Eltern zum Bäcker usw. Gehen sie allein oder mit ihren Freunden, sehen sie eigenständig neue Wege im Quartier und Dinge in ihrem Umfeld.

Bekommen sie ein Handy/Tablet, haben sie freien oder elterlich begrenzten Zutritt zum WorldWideWeb, sehen sie sicher nicht nur Lustiges und Schönes, sondern auch Beängstigendes, Trauriges; Fragen entstehen. Vielleicht schauen sie nun länger TV und sehen eine Dokumentation über Technik, Architektur, Energie, Politik, Geschichte, Natur, Digitales, Mechanik usw. Das bringt Staunen und die Lust, mehr darüber zu erfahren und vielleicht etwas nachzubauen, auszuprobieren. Sie wollen und können zunehmend die Dinge verstehen, die sie nicht unmittelbar und physisch vor sich sehen:

- Wie genau kann man sich mit dem Coronavirus anstecken?
- Ist es vertretbar, in Deutschland im Hochsommer die Rasenflächen zu wässern?
- Dürfen auch Viertklässler bei fridays for future demonstrieren und der Schule fernbleiben?

Kinder im Grundschulalter möchten schrittweise in die Welt außerhalb des Elternhauses eintreten, »möchten erfahren, wie die Welt funktioniert, wie das Leben, wie die Menschen« (Enderlein 2023: 124). Das beinhaltet auch die Welt des Sozialen:

- Normen und Regeln kennenlernen,
- Werte abwägen und eigene entwickeln,
- Fragen von Gut und Böse sowie richtig und falsch differenzierter betrachten,
- Freundlichkeit, Höflichkeit und Respekt für sich selbst reklamieren und auch für Freunde und Familie erstreiten.

Ganztägige Angebote der Entwicklungs- und Bildungsbegleitung haben strukturell enorm großes Potenzial, Lernimpulse anzubieten, denn sie sind nicht an Curricula gebunden. Non-formale Bildungskontexte im Hort, Schulkindbegleitung und Ganztagsschule können und sollen von den Fragen, Interessen, Themen und Lebenswelten der Kinder ausgehen und damit den Kindern folgen.

Jede Einrichtung darf sich kritisch prüfen, inwiefern es ihr bereits gelingt, den Kindern die eigenständige Suche nach Antworten auf ihre Fragen zu ermöglichen; inwiefern es bereits gelingt, Räume und Ausstattungen anzubieten, sodass Kinder in ihren Bestrebungen, ihre Fähigkeiten und Fertigkeiten zu entwickeln und auszuprobieren, unterstützt werden.

Jede ganztägige Einrichtung zur Entwicklungs- und Bildungsbegleitung darf sich prüfen, wo sie es den Kindern noch mehr zugestehen kann, eigene Fragen zu entwickeln und ihnen mit den unterschiedlichsten Mitteln und Medien nachzugehen. Die pädagogischen Akteure eröffnen oder verschließen dabei Wege in die Welt.

Kinder in der mittleren Kindheit haben meist Vorstellungen darüber, mit welchen Methoden und Materialien sie ihren Themen und Interessen nachgehen möchten. Dafür braucht es entsprechende Räume. Dabei ist sicher die Qualität des Außengeländes, die gesamte Schule sowie das Quartier mit einzubeziehen. Allerdings muss und kann nicht »die ganze Welt« in die Einrichtung geholt werden. Zudem wollen Kinder in der mittleren Kindheit zunehmend hinaus in die reale Welt.

2.6 Fazit

Kinder in der mittleren Kindheit haben das Bedürfnis und das Recht auf ein eigenständiges Kinderleben – auch in öffentlichen Einrichtungen. Kinder brauchen für ihre gute und gesunde Entwicklung Räume und Zeiten, also Möglichkeiten, um selbstbestimmt ihr Leben zu gestalten.

Die Räume zu gestalten und entlang der Bedürfnisse, den Lebensthemen und Interessen der Kinder in der mittleren Kindheit auszustatten, ist erforderlich, um eine gute und gesunde Entwicklung und Bildung strukturell zu ermöglichen.

3. Aufgaben und Rolle der pädagogischen Akteure

von Manja Plehn

Offene Lernarrangements gestalten und begleiten: Variable Podeste unterstützen die pädagogischen Akteure bei dieser Aufgabe.

Was Kinder sich wünschen

»Schöne Lampen und großer Kronleuchter an der Decke, Rollos an den Fenstern, um die Sonne im Sommer draußen zu lassen, Wände, Boden und Decke im Weltraum-Optik, damit das Zimmer cool ist.«

Wenn in Familien beide Elternteile in Vollzeit berufstätig sind, benötigen die Kinder einen Ort, an dem sie sich wohlfühlen und sich gut entwickeln können. Ganztägige Angebote der Entwicklungs- und Bildungsbegleitung für Grundschulkinder müssen im Wesentlichen daran gemessen werden, ob und inwieweit sie das Wohlbefinden und die Entwicklung der Kinder fördern.

Mit der Gestaltung und Ausstattung der Räume tragen die pädagogischen Akteure maßgeblich dazu bei, die gesetzlichen Aufträge der pädagogischen Institutionen zu erfüllen. Für die Horte als Kindertagseinrichtungen nach dem Kinder- und Jugendhilfegesetzbuch gilt es konkret, die im Wesentlichen soziale, emotionale, körperliche und geistige Entwicklung des Kindes zu einer eigenverantwortlichen und gemeinschaftsfähigen Persönlichkeit zu fördern,

- die Erziehung, Bildung und Betreuung in der Familie zu unterstützen und zu ergänzen,
- den Eltern dabei zu helfen, Erwerbstätigkeit und Kindererziehung besser miteinander vereinbaren zu können (vgl. § 22 SGB VIII).

Für ganztägige Angebote in Trägerschaft der Schule und Ganztagsschulen heißt es im Bericht der Kultusministerkonferenz »Ganztagsschulen in Deutschland« (KMK 2015) übergreifend: »Ganztagsschulen haben einen Erziehungs- und Bildungsauftrag. Bildungs-, Erfahrungs- und Lebensräume von Kindern werden an deren Bedürfnissen ausgerichtet (Lebensweltbezug)« (ebd.: 9). Eine ausführliche (tabellarische) Übersicht über allgemeine pädagogische Grundsätze in allen Bundesländern kann im Bericht der Kultusministerkonferenz zu »Ganztagsschulen in Deutschland« (KMK 2015: 7 f., 41 ff.) nachgelesen werden.

Die bundeslandspezifischen Vorgaben können hier nicht für alle 16 Bundesländer beschrieben werden. Diese sind auf den Websites der jeweiligen Kultusministerien nachzulesen. Hier sei lediglich ein Beispiel aus Bayern genannt: »Durch die Teilnahme an schulischen Ganztagsangeboten sollen die Schülerinnen und Schüler nachhaltig in ihrer Entwicklung von kognitiven, sozialen und motivationalen Kompetenzen gefördert werden. Die Ganztagsschule im Freistaat ist in ihren Leitgedanken einer ganzheitlich orientierten Bildung und Erziehung verpflichtet, wie sie im Art. 131 der Bayerischen Verfassung verankert ist« (KMK 2015: 18).

Aus pädagogischer Sicht soll eine Einrichtung für Kinder im Grundschulalter übergreifend ein Ort »der Begegnung und kreativen Betätigung sein. Sie soll den Kindern vielfältige Spiel-, Lern- und Erfahrungsräume eröffnen und dabei gezielt an den Interessen und Lebenslagen der Kinder und ihrer Familien anknüpfen« (Strätz et al. 2008: 71).

Eckart Liebau schrieb bereits 1993, dass Räume ganztägiger Bildung für Kinder im Grundschulalter folgende zentrale Aufgabe haben (siehe Abb. 4):

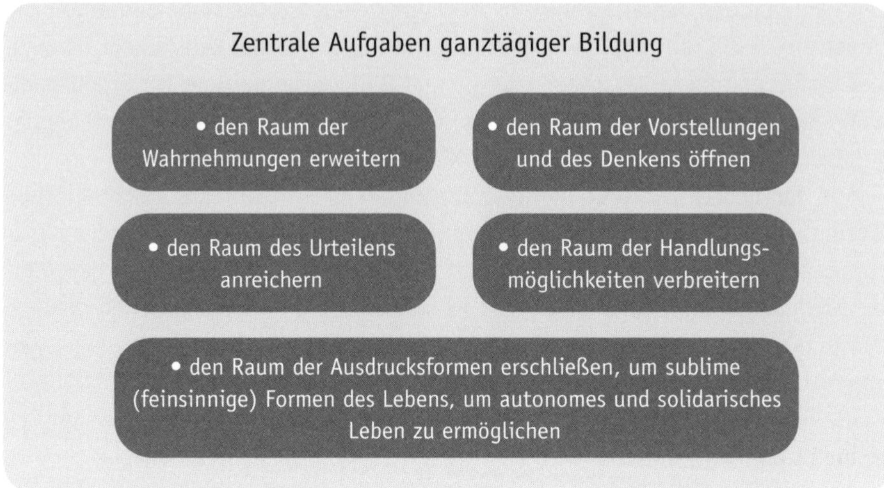

Abb. 4: vgl. Liebau 1993: 611

In Bezug auf die pädagogische Raumgestaltung kommt es den pädagogischen Akteuren übergreifend zu, offene Lernarrangements zu gestalten und zu begleiten. Eine offene Lernatmosphäre fordert die Neugier und den Forscherdrang der Kinder heraus. Die Kinder sind dabei aktiv an der Gestaltung zu beteiligen und in ihrer Eigentätigkeit zu unterstützen.

Die pädagogischen Akteure verstehen sich selbst als Beratende, Begleitende, Unterstützende, Fördernde, Ermöglichende, als Coaches, die Entwicklungs- und Lernprozesse sowie Bildungsbewegungen der Kinder anregen und unterstützen (Bundesministerium für Bildung und Forschung 1998: 63 f., zit. nach Strätz et al. 2008: 33).

Die Raumgestaltung ist damit ein zentrales pädagogisches Werkzeug.

3.1 Ein kindergerechtes Raumkonzept entwickeln

Jede Einrichtung verfügt in der Regel über ein pädagogisches Konzept. Darin sollte ein ausführliches Kapitel darüber formuliert sein, wie die Räumlichkeiten gestaltet und ausgestattet sind und wie dies zur Entwicklung, Bildung und Erziehung der Kinder beitragen soll.

Dieses Raumkonzept orientiert sich sowohl an den Bedürfnissen und Lebensthemen der Kinder, die die Einrichtung besuchen, als auch an ihren Lebenssituationen. Sich an den Lebenssituationen zu orientieren, verlangt als ersten Schritt, die Lebensräume der Kinder regelmäßig zu analysieren:

- Welche Räume/Orte für Spiel-, Lern- und Freizeitmöglichkeiten stehen den Kindern, die die Einrichtung besuchen, in ihrem näheren Wohnumfeld und im Quartier zur Verfügung?
- Welche Besonderheiten gibt es dabei? Hier geht es z. B. um Spielplätze, Sportplätze, Bäder, öffentliche Grünflächen, öffentliche Einrichtungen wie Kinder- und Jugendtreffs, Bibliotheken, Museen etc.
- Welche Räume/Orte nutzen sie, wofür, wie?
- Welche Räume/Orte nutzen sie nicht? Warum nicht? Sind sie z. B. unbekannt, ungemütlich, gefährlich?

Tipp

Eine aktuelle und fundierte Anleitung zur Konzeptionsentwicklung gibt Ulrike Glöckner (2023): Konzeptionsentwicklung für den Ganztag. Profil schärfen und Qualität definieren. Freiburg: Herder.

Eine pädagogische Einrichtung muss und kann Kindern dabei nicht alles bieten und quasi die Welt hereinholen. Es geht darum, zu ermitteln, für welche Aktivitäten die Einrichtung grundsätzlich Räume/Orte anbieten muss, weil sie z. B. unabdingbar für eine gute Entwicklung und Bildung sind, oder für welche Bildungsanregungen den Kindern Räume und Orte fehlen. Für bestimmte Aktivitäten wiederum ist es sinnvoll, sie mit den Kindern gemeinsam aufzusuchen oder sie eigenständig gehen zu lassen.

Um eine abgestimmte Bildungsbegleitung anzustreben, wird das pädagogische Raumkonzept an Ganztagsschulen gemeinsam vom sozialpädagogischen und schulpädagogischen Personal entwickelt. Oder eine Berufsgruppe entwickelt es und stimmt es anschließend mit der nicht beteiligten Berufsgruppe ab. Zumindest wird es im Nachhinein mit der an der Erstellung nicht beteiligten Gruppe mündlich und schriftlich kommuniziert. Das Raumkonzept wird alle zwei Jahre daraufhin überprüft, ob sich die Bedürfnisse und Lebensthemen der Kinder in der Raumgestaltung wiederfinden und erforderlichenfalls aktualisiert.

3.2 Kinder an der Raumgestaltung beteiligen

Um ein pädagogisches Raumkonzept zu entwickeln, das den Kindern der mittleren Kindheit gerecht werden soll, ist es unumgänglich, die Kinder selbst zu befragen. Das erfolgt zum einen alltagsintegriert, indem die pädagogischen Akteure den Kindern bei alltäglichen Äußerungen zuhören, explizit mit der inneren

Fragestellung nach Raumnutzung und Raumgestaltung. Darüber hinaus lohnt es sich, Kinder dazu strukturiert zu befragen:

- Wie beurteilen die Kinder die Räume der Einrichtung insgesamt?
- Fühlen sie sich insgesamt wohl?
- Was konkret finden sie richtig gut? Was genau ist ungemütlich?
- Was machen sie besonders gern und gibt es dazu genügend Räume/Orte?
- Welche Räume nutzen sie nicht so gern – warum nicht?
- Wofür fehlen Räume/Orte?
- Wo entsteht Frust und warum?
- Wo wird es zu eng, zu groß, zu laut, zu kalt, zu langweilig?
- Welches ist der Lieblingsort?

Hinweis

Um die Wahrnehmungen der Kinder systematisch zu betrachten, wurden für dieses Buch Dialogimpulse entwickelt. Sie stehen zum Download unter www.herder.de/extras kostenfrei zur Verfügung.

Downloads unter www.herder.de/extras

Wenn pädagogische Akteure genau hinhören und hinschauen, nachfragen, sich darum bemühen, die Erfahrungen und Meinungen der Kinder kennenzulernen, dann stärkt das bei den Kindern das Gefühl, ernst genommen zu werden. Das kann die Motivation, sich in die Einrichtung – ihren Lebensraum – einzubringen, befördern. Das kann wiederum auch die Bereitschaft von Kindern, für die Einrichtung und Ausstattung Verantwortung zu übernehmen, positiv beeinflussen.

Dabei ist zu berücksichtigen, dass es selbst für Kinder im Grundschulalter mitunter schwierig sein kann, zu verbalisieren, ob sie sich in Räumen wohlfühlen oder wenn nicht, woran das vielleicht liegt. Die Wirkung von Räumen ist nicht immer auf bestimmte Komponenten zurückzuführen. Besonders schwierig kann es für Kinder sein, unvermittelt und unvorbereitet auf Fragen zur »Raumgestaltung« zu antworten. Möglicherweise ist es erforderlich, die Kinder schrittweise zu ermuntern, gegebenenfalls anzuleiten, in sich zu horchen, sich zu beobachten, zu reflektieren und die eigenen Gedanken, Wahrnehmungen, Bewertungen in Worte zu fassen (Methodentipps zur Partizipation → S. 36 f.).

3.3 Kinder in ihrem Tun gewähren lassen

Große Kinder haben oft ziemlich klare Vorstellungen darüber, was sie tun möchten und was sie dazu brauchen. Hinter diesen Aktivitäten liegen unterschiedliche

Motive, z. B. Spaß haben, Freunde treffen, etwas ausprobieren, ein Risiko eingehen (→ Kap. 2).

Damit Kinder weitgehend eigenständig aktiv sein können, ist es erforderlich, dass die pädagogischen Akteure es zulassen, dass sie die Räume, Gegenstände und Materialien für sich nutzen. Vielleicht stellen sie bewegliche Kleinmöbel um, wie Tische, Stühle, Raumteiler, kleinere Regale. Die pädagogischen Akteure lassen es zu, dass die Kinder sie flexibel und vielfältig nutzen, frei über sie verfügen, sie aktiv in ihr Spiel und in ihre Aktivitäten einbeziehen. Optimalerweise werden Regeln von und mit den Kindern entwickelt, sie werden ggf. von den pädagogischen Fachkräften dabei unterstützt.

Damit Kinder weitgehend eigenständig aktiv sein können, ist es erforderlich, dass die Materialien so organisiert sind, dass sie von ihnen selbstständig erreicht werden können.

Wahrscheinlich werden die Kinder dabei in Interessenskonflikte geraten, weil mehrere Kinder sich im gleichen Bereich oder mit denselben Materialien beschäftigen wollen, sich dabei gegenseitig stören oder sich anderweitig in die Quere kommen.

Das ist erwartbar, darf sein und eröffnet willkommene Anlässe für die pädagogischen Akteure, demokratische Gesprächsregeln zu vermitteln, die die Kinder dabei zu unterstützen, Perspektiven anderer einzunehmen, gemeinsam Verfahren und Regeln auszuhandeln, Kompromisse zu finden und verbindliche Absprachen zu treffen.

3.4 Kinder in ihrer eigenständigen Raumnutzung unterstützen

Darüber hinaus können die pädagogischen Akteure ihre Aufgaben mit folgenden pädagogischen Tätigkeiten umsetzen (vgl. Tietze et al. 2016: 51–59):

- Die Kinder aktiv bei der Veränderung und Umgestaltung der Räume unterstützen.
- Eigene Ideen zur Veränderung bzw. Raumgestaltung entsprechend der Vorhaben der Kinder anbieten.
- Den Kindern zeigen, wo sich Materialien befinden.
- Mit den Kindern besprechen, wie sie bestimmte Materialien nutzen können, sie ggf. anleiten.
- Den Kindern vorschlagen, das Materialangebot zu erweitern oder es auszutauschen.
- Den Kindern nicht verhandelbare Regeln erklären.

- Wenn Kinder ausgehandelte Regeln nicht einhalten oder diese nicht mehr zweckmäßig sind, die Kinder darauf ansprechen.
- Notwendige Raumveränderungen, z. B. aufgrund gesetzlicher Vorgaben, mit den Kindern besprechen und ihnen Möglichkeiten zur Nachfrage und zur Auseinandersetzung damit geben.
- Für Sicherungsmaßnahmen sorgen, damit sich die Kinder in den Räumen frei bewegen können und keine Verletzungsgefahr besteht.

3.5 Kinder beobachten, die Anregungsqualität einschätzen

Im Alltag sind es grundsätzlich folgende Aufgaben, denen die pädagogischen Akteure nachgehen, hier in Bezug auf die Raumnutzung und Raumgestaltung (vgl. Tietze et al. 2016: 51–59):

Beobachten

- Welchen Aktivitäten gehen die Kinder nach?
- Welche Orte und Räume suchen sie auf?
- Welche Möbel nutzen die Kinder?
- In welcher Weise nutzen sie die Möbel?
- Welche Materialien benutzen sie?
- In welcher Weise benutzen sie die vorhandenen Materialien?
- Wann nutzen sie Räume/Orte allein, wann in Gruppen (zu wie vielen)?
- In welcher Form nutzen sie Räume, Orte, Materialien anders, als die Erwachsenen es sich vorstellten?
- Was scheint zu fehlen?
- Welche Ziele verfolgen die Kinder vermutlich?

All diese Aspekte dokumentieren die pädagogischen Akteure. Hierüber nähern sie sich den Themen, Interessen und Bildungsbewegungen der Kinder an.

Einschätzen

- Entspricht die Raumgestaltung den Entwicklungsständen, den Bedürfnissen und den Interessen der Kinder?
- Entsprechen die zur Verfügung stehenden Materialien den Entwicklungsständen, den Bedürfnissen und den Interessen der Kinder?

- Regen die Räume und die Ausstattung die Kinder zu Lernprozessen an, geben sie Impulse, stimulieren, provozieren sie die Auseinandersetzung mit Themen und Dingen?
- Welche Materialien und Themen suchen die Kinder eventuell demnächst – Zone der nächsten Entwicklung (siehe Kammermeyer 2013)?

3.6 Die Qualität der Raumgestaltung ermitteln, sichern, weiterentwickeln

Alle Horte sollen nach § 22a Abs. 1 SGB VIII »die Qualität der Förderung in ihren Einrichtungen durch geeignete Maßnahmen sicherstellen und weiterentwickeln.

Dazu gehört es zunächst, die Qualität, also die gegenwärtige Beschaffenheit der Räumlichkeiten und deren Ausstattung, zu ermitteln:

- Über welche Räume verfügt die Einrichtung?
- Wie sind sie vorstrukturiert?
- Welchen Bedürfnissen, Interessen und Themen entsprechen die Räumlichkeiten im Einzelnen vermutlich aufseiten der Kinder?

Hinweis

Um die Raumqualität in einer pädagogischen Einrichtung, einem Hort, Schulkindbegleitung oder im non-formalen Bereich der Ganztagsschule systematisch zu betrachten, wurden Reflexionsimpulse zum pädagogischen Handlungsfeld »Raumgestaltung« entwickelt. Sie stehen zum Download unter

Downloads unter
www.herder.de/extras

3.7 Fazit

Es ist deutlich geworden, dass die pädagogische Raumgestaltung und pädagogische professionelle Begleitung der Kinder komplexe und anspruchsvolle pädagogische Aufgaben sind. Das braucht eine pädagogische Ausbildung und kontinuierliche Weiterentwicklung der pädagogischen Kompetenzen sowie gute strukturelle Rahmenbedingungen und Ressourcen.

EXKURS: Methodentipps zur Partizipation

von Manja Plehn

Bestandsaufnahme und Visionen

Wenn es um die Beteiligung der Kinder bei der Gestaltung ihres Lebensraums geht, können die Ausgangsfragen lauten: Was gefällt uns in den Räumen unserer Einrichtung gut, was gefällt uns nicht gut? Kreative Impulse für Gespräche über Räume kann das Fotografieren liefern: Statten Sie zwei Digitalkameras mit verschiedenfarbigen Aufklebern aus. Mit der Kamera mit dem roten Aufkleber fotografieren die Kinder alles, was sie nicht mögen; mit der Kamera mit dem grünen Aufkleber alles, was sie gut finden. Anschließend können die Bilder ausgedruckt und als Grundlage für Gespräche mit den Kindern verwendet werden (Regner & Schubert-Suffrian 2018: 35).

Kinder bauen ihren Traumhort

Lassen Sie die Kinder ihren »Traumhort« bauen. Die Fantasie hat dabei Vorrang, es gibt keine Grenzen. Ob in der Bau-Ecke oder im Kreativraum, als Gemeinschaftsprojekt oder als individueller Entwurf: Zum Abschluss fotografieren die Kinder ihre Werke und stellen sie den Erwachsenen vor. Vielleicht sind einige Ideen ja sogar in der Realität umsetzbar.

»Traumhort«-Projekt im ASB-Kinderhort Freiraum in Hersbruck, Landkreis Nürnberger Land.

Mit Kindern ins Gespräch kommen

Dialog mit Kinder heißt:

- Zeit, sich einzulassen; entspannte Atmosphäre schaffen
- Aktiv zuhören: paraphrasieren (das Gehörte mit eigenen Worten wiedergeben), Rückmeldungen als Ich-Botschaften, Pausen aushalten, zur Rückversicherung nachfragen
- Die Kinder bei der Äußerung von Gefühlen und Bedürfnissen unterstützen
- Anliegen der Kinder klären und zusammenfassen
- Lösungen der Kinder in eigenen Worten wiedergeben, ggf. Möglichkeiten aufzeigen und Angebote formulieren (vgl. Regner & Schubert-Suffrian 2018: 61)

Kinder interviewen Kinder zur Raumgestaltung

Kinder, die Lust haben, sich intensiver mit der Raumgestaltung ihrer Einrichtung zu beschäftigen, finden sich als Projektgruppe zusammen und erkunden als »rasende Reporter« mit Audio-/Videoaufnahmegerät oder Handy die Ansichten, Meinungen, Wünsche und Vorstellungen der anderen Kinder.

Impulse zu Fragenstellungen finden Sie in den Online-Materialien dieses Buches, die unter www.herder.de/extras kostenfrei zur Verfügung stehen.

Hinweis: Geben Sie den Kindern Ihre Unterstützung und Ihre Aufmerksamkeit während der Befragung und überlegen Sie gemeinsam mit den Kindern, wie die Ergebnisse präsentiert werden können (Schülerzeitung, Ausstellung o. Ä.).

Wie können Entscheidungen getroffen werden?

Entscheidungen werden grundsätzlich von der Mehrheit getroffen. Dabei haben die pädagogischen Akteure und die Kinder das gleiche Stimmrecht. Jeder bekommt die Möglichkeit, jeweils drei Vorschläge zu bepunkten.

Um bei Abstimmungen mit Handzeichen eine gegenseitige Beeinflussung der Kinder zu verhindern, bitte Sie die Kinder, die Augen zu schließen, ihre Wahl zu treffen und die Augen erst danach auf ein Signal hin wieder zu öffnen. Dieses Verfahren muss mit den Kindern ein paarmal geübt werden, bis es klappt (vgl. Regner & Schubert-Suffrian 2018: 53).

4. Strukturelle Raumqualität

von Manja Plehn und Stefan Appel

Farbe und Licht helfen, ein behagliches Ambiente herzustellen, wie hier im Beratungszimmer der Alemannenschule Wutöschingen, eine Gemeinschaftsschule im Landkreis Waldshut, Baden-Württemberg.

Was Kinder sich wünschen

»Ein großer Raum mit ganz viel Platz, modern eingerichtet und hell.«

4.1 Flächen und Platz

Die Analyse bundesdeutscher Qualitätsmodelle für die Ganztagsbildung wie der HUGS (Tietze et al. 2007), QUAST (Strätz et al. 2008) und Nationaler Kriterienkatalog für pädagogische Qualität in Tageseinrichtungen für Kinder (Tietze et al. 2016) sowie eigene Überlegungen ergaben folgende Anforderungen an Flächen und Platz:

Notwendig ist grundsätzlich ausreichend Platz für die Anzahl der Kinder. Es muss ausreichend Platz für die Aktivitäten der Kinder sein, dass sie sich frei bewegen können. Auch sollten die Laufwege die Aktivitäten der Kinder nicht beeinträchtigen.

Gibt es Gruppen, verfügt jede Gruppe über mindestens einen Gruppenraum und einen Nebenraum. Sind die Kinder nicht in Gruppen zugeordnet, gibt es dennoch Räume, die groß genug sind, sich in Gruppen zusammenzufinden, sowohl in größeren als auch in kleineren Gruppen. Sind die Kinder im Grundschulalter zusammen in altersgemischten Gruppen mit Kindergartenkindern, verfügen sie dennoch über Orte/Räume, in denen sie für sich ihren Interessen nachgehen können.

Ruhige und laute Aktivitätsbereiche sind räumlich voneinander getrennt und stören sich nicht. Die Räume sind übersichtlich gestaltet – aus der Perspektive und in der Wahrnehmung der Kinder. Es gibt kleine Räume im Raum und verschiedene Ebenen in Räumen.

4.2 Ambiente – Atmosphäre

Im Folgenden bezieht sich der Begriff »Atmosphäre« nicht auf die soziale Stimmung zwischen Menschen, sondern auf die Basisfaktoren gebauter und ausgestatteter Umwelt. Nicht die Architektur selbst steht im Vordergrund, sondern atmosphärische Elemente wie Licht, Farbe, Akustik, Luft und Pflanzen. Damit Einrichtungen wie Horte, Schulkindbegleitungen und Ganztagsschulen zum »Lebensraum« werden können, ist ein Blick auf diese basalen Elemente notwendig. Bei Neubauten ist ein kohärentes Konzept heute Standard. Mit einer spezifisch gestalteten Atmosphäre kann ein wesentlicher Beitrag zum Wohlbefinden in Räumen geleistet werden – auch in Bestandbauten. Dabei geht es um ein durchdachtes Zusammenspiel von Licht- und Farbgestaltung, guter Luft sowie eine gute Akustik.

4.2.1 Licht

Tageslicht fördert das Wohlbefinden und das Lernen und ist daher künstlicher Beleuchtung grundsätzlich vorzuziehen. Andererseits kann übermäßiges Tageslicht blenden und den Raum überhitzen. Ein gut durchdachter Sonnenschutz gehört zur Innenraumqualität einer pädagogischen Einrichtung (vgl. Müller 2012: 31).

Künstliche Lichtquellen unterscheiden sich nach der Farbtemperatur: »bläuliches« Licht wirkt kalt, »gelbliches« Licht warm. Ersteres wirkt anregend, warmes Licht eher gemütlich, dämpfend. In einem Raum sollte – je nach Funktion – möglichst nur eine Sorte Leuchtmittel zum Einsatz kommen. Wobei ein *dynamischer Lichteinsatz* (verschiedene Lichtquellen, mit unterschiedlichen Leuchtmitteln bestückt) in einem Raum möglich ist, sodass die Beleuchtung situativ (aktivierend oder beruhigend) eingesetzt werden kann (vgl. Born & Glaubitt 2012: 41 f.).

Tipp

Beim Einsatz dynamischen Lichts sollte die Farbgestaltung des Raumes berücksichtigt werden, um störende Farbverfälschungen durch höhere Rot- oder Blauanteile im Licht zu vermeiden (ebd.). Eine Beratung von Experten ist daher angeraten.

Weiterführende Lektüre:

Fördergemeinschaft Gutes Licht (Hg.) (2012): Besser lernen mit gutem Licht. Teil 2. Frankfurt am Main. Online: https://www.licht.de/de/service/publikationen-und-downloads/

DGUV (2009): Information 215-211 – Tageslicht am Arbeitsplatz – leistungsfördernd und gesund. Die Handlungshilfe für die betriebliche Praxis. 2. Aufl.: Carl Heymanns Verlag. Online: https://www.arbeitssicherheit.de/schriften/dokument/0%3A5014332%2C1.html

4.2.2 Farben

Farben wecken bei Menschen Emotionen, und jede Farbe hat eine andere Wirkung auf die Psyche und den Körper. Denn jede Farbe besitzt eine spezifische Wellenlänge, die sich auf den menschlichen Körper überträgt. Die Wahrnehmung von Farben kann dennoch individuell unterschiedlich sein. Sie hängt auch von Kultur, Erziehung, Mode oder persönlichen Erfahrungen ab. Die Wirkung der einzelnen Farben ist darüber hinaus abhängig von der Intensität, vom Kontrast, der Größe der gestalteten Fläche und der Wechselwirkung mit anderen eingesetzten Farben. Aber auch die Wahl der Materialien, der Oberflächen und die Funktion des Gegenstandes können Einfluss auf die Wirkung der Farbe haben.

Wissen Kompakt
von Stefan Appel

Farben wirken

- **Weiß** und **Grau**: Beides sind neutrale Farben, die bei Ausstattungen und Räumen eher kalt und unpersönlich wirken. Weiß lässt zwar Räume größer erscheinen, wirkt ansonsten aber eher steril.
- **Grün**: Hellgrüne Elemente symbolisieren ähnlich wie Braun Geborgenheit und Sicherheit, verbinden dies jedoch mit Frische und Lebhaftigkeit. Dunkle Grüntöne wirken eher entspannend, ausgleichend und regenerierend (Wälder/Wiesen), insbesondere wenn der Farbton eher ins Bläuliche geht.
- **Blau**: Die meisten Blautöne gelten als kalte Farben und sollten in lichtarmen Räumen nur wenig eingesetzt werden. Blau kann antriebshemmend wirken und ein Gefühl von Distanz hervorrufen. Himmelblau kann bei sparsamer Verwendung als beruhigend und entspannend empfunden werden.
- **Gelb:** Gilt als die warme und angenehme Farbe für Räume, in denen unterrichtet und gelernt wird. Die Farbe aktiviert, fördert die Kreativität und ermutigt.
- **Orange:** Diese warme Farbe wird bevorzugt eingesetzt, um eine gemütliche Atmosphäre zu erzeugen, um Inspirationen und kreatives Handeln, aber auch um Appetit und Geselligkeit zu fördern (Mensa/Cafeteria/Spielbereiche). Besonders geeignet ist Orange (und Gelb) für dämmrige, z. B. nach Norden liegende Räume. Orange- und Gelbtöne aktivieren tendenziell Lebensfreude, fördern die Kreativität und wirken anregend auf die Psyche.
- **Rot**: Die ausdruckstärkste warme Farbe ist Rot. Rot wirkt tendenziell aktivierend und stimulierend. Rot lässt Räume eher kleiner erscheinen. Aufgrund dessen eignet sich Rot für große Räume und zur Akzentuierung ausgewählter Objekte.

Warme Farbtöne, wie erdige Brauntöne oder das Beige von Echtholzmöbeln, vermitteln tendenziell das Gefühl von Geborgenheit und bewirken ein Gefühl von Sicherheit. In Kombination mit einem freundlichen Orange können sie vitalisieren (vgl. Wohlmann 2016).

Grundsätzlich gilt für pädagogische Einrichtungen: Farben sind nicht nur Schutzanstriche, sondern wichtige Gestaltungselemente mit Auswirkungen auf direkte und indirekte Wahrnehmungen, auf Emotionen, Stimmungen, das Lernverhalten, den Appetit oder aktive Bewegung (Wohlmann 2016).

In manchen Räumen von Horten und Ganztagsschulen sollen und wollen sich Kinder überwiegend konzentrieren. Sind diese Räume komplett weiß gestrichen, lässt sie das zwar größer erscheinen, wirkt sich aber negativ auf die Konzentrationsfähigkeit der Kinder aus. Der starke Kontrast lässt die Augen schneller ermüden.

Die Farbauswahl sollte sich auch an der Aufenthaltsdauer orientieren. Räume, in denen sich Kinder mehrere Stunden am Tag aufhalten, sollten in zurückhaltenden, hellen Farben gehalten sein.

Räume mit einer kurzen Verweildauer der Kinder, z. B. **Flure oder Garderoben,** können dagegen deutlich farbintensiver gestaltet werden. Die kräftigen Farben sind aufregend und spannend, führen wegen des kurzen Blickkontaktes aber nicht zu einer Reizüberflutung (Wohlmann 2016). In **Fluren, Pausenräumen und Cafeterien** hingegen bieten kräftige, leuchtende Farbtöne einen guten Kontrast zu den Klassenräumen. Wichtig ist dabei eine Wandgestaltung, die Orientierung gibt, damit sich jüngere und neue Schulkinder schnell zurechtfinden. Kleine »Hingucker«, farbliche Akzente an Wänden und Inventar, erleichtern es Kindern, sich zu orientieren.

In **Pausenräumen und Entspannungszonen** wirken erfrischende Farbwelten, etwa in Blau- oder Grüntönen, positiv und regenerierend (Verband der deutschen Lack- und Druckfarbenindustrie e.V. 2020).

Grundsätzlich empfiehlt es sich, nicht mehr als zwei Farben in einem Raum zu verwenden. Damit reduziert sich das Risiko von Farbdissonanzen.

Die früher üblichen Ölanstriche an der unteren Hälfte der Wände sind überflüssig. Inzwischen gibt es wasserhaltige Farben mit erhöhter Abriebresistenz (wählbar in mehreren Beständigkeitsklassen).

Praxistipp

Raumwirkungen lassen sich verändern!

- Ist der Raum sehr niedrig, sollte die Deckenfarbe heller als die Farbe der Wände sein.
- Ist der Raum sehr lang, ist die farbliche Betonung einer der kurzen Wände durch eine intensive Farbe günstig.
- Ist der Raum eher kurz, hilft eine hellere Farbe an einer der kürzeren Wände.

Tipp

Kinder an der Farbgestaltung beteiligen
Soll ein Gruppenraum farblich neu angelegt werden, können Kinder an der Farbgestaltung mitwirken. Bereits im Vorfeld der Planungen sollte mit den Kindern über Farben und ihre Wirkungen gesprochen werden, z. B. auch im Unterricht. Farbkarten können in Baumärkten ausgeliehen werden. Oder unter den Eltern ist eine Person qualifiziert zur Farbberatung und hat entsprechende Karten, Tücher o. Ä.

4.2.3 Akustik

Hingucker mit Sinn: Schallabsorber können auch nachträglich eingebaut werden und verbessern die Raumakustik nachhaltig.

Die Akustik von Räumen, in denen sich Kinder und Erwachsene aufhalten, hat ebenfalls Auswirkungen darauf, ob wir uns wohlfühlen. Ein hoher oder andauernder Geräuschpegel kann sowohl die Kinder als auch die pädagogischen Akteure belasten. Eine laute Raumatmosphäre wird als psychisch besonders anstrengend empfunden und daher auch als »Lärmstress« bezeichnet. Daher gibt es die Norm DIN 18041 (2016) mit Vorgaben z. B. für Unterrichtsräume und speziell für Phasen des Unterrichts und für Phasen der Stillarbeit. Als Soll-Nachhallzeit in Lernräumen mit einem Raumvolumen von 250 m^3 ist 0,7 Sekunden festgelegt (vgl. DGUV 2012: 21).

Die Raumakustik wird im Wesentlichen von der Nachhallzeit beeinflusst: »Arbeiten mehrere Gruppen in einem Raum, werden die Nutzsignale der einen Gruppe von der anderen Gruppe als Störsignale bzw. -geräusche empfunden. Dies erschwert die Kommunikation. Es kommt zu einer Kettenreaktion, in deren Verlauf die einzelnen Parteien die Beeinträchtigung ihrer Gruppenarbeit durch Erhöhung der Sprechlautstärke ausgleichen. Der Geräuschpegel steigt. Ein Phänomen, das in der Akustik als Lombard-Effekt bezeichnet wird« (DGUV 2012: 21).

Bei Neubauten sollte ein fundiertes akustisches Konzept standardmäßig eingeplant werden. Doch auch in bestehenden Gebäuden und selbst bei schwieriger baulicher Ausgangslage, z. B. in Treppenhäusern oder im Zusammenhang mit Denkmalschutz, können durch raumakustische Elemente nachträglich Ergebnisse mit hoher Wirkung erzielt werden. So gibt es z. B. schallabsorbierende Sprühbeschichtungen, Schallabsorber, Schall-Reflexionsflächen, Lärmschutzdecken oder -paneele an den Wänden sowie Raumtrenner und Pflanzen, die die Akustik deutlich verbessern können (vgl. Born 2012: 44).

Schalldämmende Arbeiten sollten von einem Fachunternehmen für Raumakustik mit Erfahrungen im Schulbau geplant und durchgeführt werden. Haben Sie den Verdacht, die Akustik sei baulicherseits ungenügend, verlangen Sie beim Träger die Berechnung der Nachhallzeit der betreffenden Räume. Gegebenenfalls muss nachgebessert werden.

Praxistipp

Neben der bautechnischen Sanierung kann auch auf das Verhalten der Kinder eingewirkt werden, um auf eine angenehme Lautstärke zu achten. Prüfen Sie den Geräuschpegel bei unterschiedlichen Tätigkeiten der Kinder mit einer »Lärmampel«. So kann für alle die Lautstärke messbar gemacht werden. Die Kinder können Regeln entwickeln, was zu tun ist, wenn die Lärmampel Gelb bzw. Rot anzeigt.

Auch ein Gong kann helfen: Wird es Kindern oder Erwachsenen zu laut, können sie auf einen Gong schlagen. Nun wäre die eigene Lautstärke zu überprüfen und etwas zu senken. Wenn dies dreimal hintereinander nicht zufriedenstellend funktioniert, wird eine große Sanduhr aktiviert. Während der Sand durchläuft, dürfen sich die Kinder und Erwachsenen nur sehr gedämpft unterhalten.

Gönnen Sie sich täglich zusammen mit den Kindern »Lärm-Pausen« bzw. »Stille-Pausen«.

4.2.4 Luft

Neben dem Raumklima trägt die Luftqualität sehr entscheidend zum Wohlfühlen in Räumen mit Kindergruppen bei. Schlechte Luftqualität kann zu Symptomen wie Kopfschmerzen, Ermüdungserscheinungen oder Reizerscheinungen an Augen, Nase und Rachen führen (DGUV 2012: 25).

Nur der regelmäßige Luftaustausch in den Räumen der Einrichtung führt zu einem guten Raumklima. Stoßlüften ist wichtig: Die Fenster müssen dafür vollständig fünf bis zehn Minuten geöffnet werden. Die Lüftung mit gekippten Fenstern (»Kipplüftung«) reicht nicht aus. Nur mit der Stoßlüftung ist ein kompletter Luftwechsel pro Stunde gewährleistet, was rechnerisch dem Austausch des gesamten Luftvolumens im Raum entspricht. Noch besser wird die Luftwechselrate, wenn gegenüberliegende Fenster bzw. Fenster und Türen geöffnet werden.

Tipp

Das Institut für Arbeitsschutz der Deutschen Gesetzliche Unfallversicherung e.V. (DGUV) bietet auf seiner Website eine CO_2-App an, die für das Lüften im Bildungsbereich sinnvoll eingesetzt werden kann. »Mit der CO_2-App lässt sich die CO_2-Konzentration in Räumen berechnen. Der **Rechner** hilft auch dabei, die optimale Zeit und Frequenz zur Lüftung ein Raumes zu bestimmen. Nach der Berechnung kann die errechnete Zeit als **Timer** gesetzt werden, um an die nächste Lüftung erinnert zu werden. Die CO_2-App ist auch ein geeignetes Hilfsmittel, um durch rechtzeitiges Lüften das Risiko einer Übertragung von luftgetragenen Krankheitskeimen (z. B. Viren, Bakterien) zu verringern.« Online: https://www.dguv.de/ifa/praxishilfen/innenraumarbeitsplaetze/raumluftqualitaet/co2-app/index.jsp

Weiterführende Links und Literatur

- Nähere Informationen zur Innenraumlufthygiene: Umweltbundesamt (2008): Leitfaden für die Innenraumlufthygiene in Schulgebäuden (Schulleitfaden). Berlin. Online: https://www.umweltbundesamt.de/publikationen/leitfaden-fuer-innenraumhygiene-in-schulgebaeuden
- Deutsche Gesetzliche Unfallversicherung (DGUV) (Hg.) (2012): Information: Klasse(n) – Räume für Schulen Empfehlungen für gesundheits- und lernfördernde Klassenzimmer. Unter Mitarbeit von Fachgruppe »Bildungswesen«. Online: https://www.reinbek.de/fileadmin/Gemeinde/Dateien/Unsere_Umwelt/Downloads/Leitfaden/Klassen-Raeume_fuer_Schulen.pdf.

Wissen Kompakt
von Manja Plehn

Pflanzen wirken!

Besseres Raumklima
Das wichtigste Element eines guten Raumklimas ist die Luft. Das Raumklima kann durch Pflanzen positiv beeinflusst werden. Gerade in den Wintermonaten ist die Luft in Räumen oft trocken, da geheizt und weniger gelüftet wird. Das greift die Schleimhäute in Nase und Rachen an.

Pflanzen können helfen, die Luftfeuchtigkeit in einem angenehmen Bereich zu halten. »Etwa 97 Prozent des Gießwassers werden durch die Transpirationsleistung der Pflanzen wieder an die Umgebung abgegeben. Je nach Anzahl und Art der Pflanzen sind Steigerungen der Luftfeuchtigkeit von 10 Prozent möglich« (DGUV 2012: 29). Dadurch sorgen sie auch für eine bessere Staubbindung in der Luft. Wassergesättigter Staub sinkt zu Boden und kann bei der Bodenreinigung leicht entfernt werden. Pflanzen produzieren außerdem Sauerstoff, indem sie Kohlenstoffdioxid der Luft aufnehmen und umwandeln. Auch Schadstoffe, die z. B. aus Möbeln oder Baumaterialien in die Raumluft gelangen, können von Pflanzen herausgefiltert werden.

Weniger Lärmbelastung
Wo sich Gruppen von Kindern aufhalten, ist es oft laut. Wegen ihrer großen und unregelmäßig strukturierten Blattoberflächen wirken Pflanzen sehr effektiv schalldämpfend und helfen so, die Lautstärke in Bildungsräumen messbar zu reduzieren.

Erhöhte Konzentrationsfähigkeit
Zimmerpflanzen entnehmen das von Menschen ausgeatmete Kohlendioxid aus der Luft und geben im Gegenzug Sauerstoff in die Raumluft ab. Auch so tragen Pflanzen in Bildungsräumen zu einer besseren Luftqualität und damit zur besseren Konzentrationsfähigkeit bei.

Geeignete Planzen finden Sie unter dem Link:
https://blog.schubi.com/2020/02/04/pflanzen-im-klassenzimmer-ja-bitte/

Stress reduzierend

Eine norwegische Studie für Gartenbau zeigt die positive Wirkung einer Innenraumbegrünung in Schulen: Kinder fühlten sich nach der Begrünung ihrer Klassenzimmer wohler und wiesen eine bessere Leistungs- und Konzentrationsfähigkeit auf als vorher. Die Projektleiterin Fjeld erklärt diese psychologische Wirkung von Pflanzen damit, dass sich Menschen von lebendem Grün angezogen und Behaglichkeit und Ausgeglichenheit in der Umgebung von Pflanzen empfinden. Durch Kontakt mit Pflanzen können Stressparameter wie Blutdruck oder Muskelanspannung nachweislich gesenkt werden. Diese Wirkung von Pflanzen wird inzwischen bei der Therapie von Kindern mit Aufmerksamkeits-Defizit-Syndrom (ADS) genutzt. Denn Kinder wurden durch den Kontakt mit Pflanzen nachweislich ruhiger und aufnahmefähiger (Fjeld 2000).

Pflanzen verstehen – Pädagogische Aspekte

Pflanzen sind Lerngegenstände aus der Natur. Kinder lernen, dass Pflanzen Lebewesen sind und eine für sie passende Umgebung benötigen, um gedeihen zu können (Licht, Wasser, Nährstoffe). Das Wachstum und die Entwicklung der Pflanzen können während des Jahres unmittelbar mitverfolgt werden. Sie lernen etwas über den Aufbau und die Bedürfnisse von Pflanzen, bei vielen Zimmerpflanzen können sie das Prinzip der vegetativen Vermehrung üben (z. B. Graslilien). Trägt jede Pflanze ein Namensschild, können die Kinder den deutschen und lateinischen Namen lernen.

Praxistipp

Stehen mehrere Pflanzen der gleichen Art an unterschiedlichen Standorten, z. B. in Fensternähe, in einer dunkleren Ecke, können Kinder die Pflanzenentwicklung bei verschiedenen Lichtverhältnissen direkt vergleichen.

Kinder wollen echte Aufgaben und Verantwortung übernehmen. Die Pflege der Pflanzen in den Räumen bietet sich hier an. Bestimmt wird es Kinder geben, die gern freiwillig damit beginnen möchten. Vielleicht entwickeln sie selbstständig einen »Gießdienst«, bei dem die Kinder reihum für das Wässern der Pflanzen zuständig sind oder eine andere Struktur. In den Ferien müssen die Pflanzen vielleicht zu ausgewählten Kindern reisen.

Exkurs: Raum- und Ausstattungsangebot ganztägig geführter Schulen

von Stefan Appel

Ganztägig arbeitende Schulen benötigen wegen des erweiterten Bildungs-, Erziehungs- und Betreuungsauftrages ein erweitertes Raum- und Ausstattungspotenzial. Einige dieser Räume sind unverzichtbar (im Folgenden ***kursiv und fett*** hervorgehoben), die anderen sind wünschenswert, weitere ideal.

1. Unterrichtsbereich

Lernprozesse sollen in Ruhe angebahnt und die Wissensvermittlung flexibel gestaltet werden (bewegliches Mobiliar, Whiteboard). Räume für ***Hausaufgaben/ Lernzeiten*** und Inklusionsarbeit sind nötig, ebenso ein ***eigener Klassenraum für jede Klasse*** (keine Wanderklassen in GTS).

2. Verpflegungsbereich

a) ***Küche mit Wirtschaftsräumen***

Bei ganztägigem Aufenthalt ist eine warme Mahlzeit unabdingbar (bundesweite Erlasslage). In üblichen Lehrküchen oder im Cafeteriabetrieb darf die Essensversorgung nicht stattfinden (Edelstahlausstattung nötig). Räume: Zubereitungsküche, Personalraum, Lagerraum, Abfallraum (für Koch- und Restessen).

b) ***Speiseraum (Mensa) mit Nebenfunktionen***

In »offenen« Ganztagsschulen benötigt man 25 % Sitzplätze der Gesamtschülerschaft, in »gebundenen« 40 %. Man sollte keine Stühle mit schrägen Stahlrohrbeinen nehmen (Lärm!). Zur Doppelnutzung empfiehlt sich der Einbau einer ***Spielothek mit Ausgabetheke für Tischspiele.***

3. Begegnungsbereich

Die Schule in Ganztagsform ist noch mehr als die Halbtagsschule ein Ort der »Sozialen Geschwister«. Um dem Mitteilungsbedürfnis, dem Wunsch nach vielfältigen sozialen Beziehungen und gemeinsamem Erleben nachzukommen, bilden ***Kinderbistro*** oder ***Cafeteria*** (beliebt: Innen- und Außencafeteria), Clubraum (mit Musikanlage), Flur- und Nischenmöblierungen (brandschutzgerecht!) und ***Spielothek*** sowie Clubraum das Herzstück der ganztägigen Institution.

4. Bewegungsbereich

Die übliche Sporthalle kann die Bewegungsbedürfnisse nur zu geringen Teilen abdecken. Räume für ***Bewegungsstandgeräte*** (Kicker, Airhockey, Jakolo, ggf. auch Tischtennis), für ***Matten mit Schaumstoffwürfeln*** und -bällen, ***Klettergeräten*** und Hangelpfad sind relativ einfach realisierbar.

5. Medienbereich und Schüler:innenbibliothek

Pädagogische Medienarbeit gehört seit Jahrzehnten zu den Grundbausteinen ganztägiger Schulkonzeptionen. Keine Ganztagsschule ohne Bücher ist ein Grundsatz. Ebenso muss den Bedürfnissen nach digitalen Medien Rechnung getragen werden. Räume: ***Kinder-/Jugendbibliothek***, Selbstlernzentrum, ***Mediothek***, PC-Raum oder Laptopausstattung, Lernatelier

6. Rückzugsbereich/ Ruhezonen

Entspannungsorte im Gebäude ermöglichen das Abschalten von Lärm, Rückzug aus der Hektik, Selbstbesinnung und Ruhe. Es handelt sich dabei um Inseln/Zonen, in denen Ausstattungen für Einzelne und Kleingruppen bestehen (Nischen, bestuhlte Ecken, Kleinflächen durch Raumteiler). Sehr beliebt sind Snoezelen-Räume. Gelegentlich gibt es in Grundschulen auch Ruheliegen.

7. Arbeits-/Koordinationsbereich

Für Lehrkräfte, Betreuer/innen, Sozialpädagog(en)innen und anderes Personal sollten ***Arbeitsplätze, Besprechungsräume*** sowie ein ***Ganztagsbüro*** verfügbar sein. Material- und Geräteräume gehören dazu.

8. Weitere Zusatzräume

Relevante Räume für die Tages- und Wochengestaltung der Ganztagsschule sind Werk-, Kunst-, Musik- und naturwissenschaftliche Räume, auch Theater- und Übungsräume. Sie sind allerdings nicht als namhafte Ganztagsräume spezifiziert – denn an Halbtagsschulen werden sie auch gebraucht. Somit sind solche Räume auch nicht im Fokus von Trägern oder Behörden.

> Die dargestellten Räumlichkeiten entsprechen den üblichen Gestaltungsschwerpunkten der voll ausgebauten Ganztagsschulen in Deutschland. Es sind arbeitsübliche Charakteristika (sozusagen Mindeststandards), die Ganztagsschulen erhalten, damit sie kindergerecht arbeiten können.
> Im folgenden Kapitel (→ Kap. 5) finden Sie Impulse und Anregungen, wie diese Räume, aber auch Räume in Hort und Schulkindbegleitung, den Bedürfnissen der Kinder entsprechend gestaltet werden können.

5. Bildungsraumqualität – Räume für Bedürfnisse, Interessen und Themen der Kinder: Praktische Impulse

von Stefan Appel und Manja Plehn

Rückzugs- oder Lernort in der Erika-Mann-Grundschule, Ganztagsgrundschule in Berlin (Wedding).

Was Kinder sich wünschen

»Wenn ich eine Ganztagsschule bauen würde, wäre es ein großes Haus mit verschiedenen Zimmern wie Bau-Zimmer, Kreativzimmer, Experimente-Zimmer, PC-Zimmer, Schlafraum mit Betten, eine Küche. Jeder Raum soll groß sein, mit großen Fenstern, Regalen, Uhren an den Wänden, neue und moderne Möbel, verschiedene Spielsachen (Murmelbahn und so weiter), Musikanlage und Instrumente.«

Um nachhaltig lernen, leben und entdecken zu können, müssen Menschen, ob groß, mittelgroß oder klein, sich wohlfühlen. Wenn man sich in Räumen aufhält mit abgenutztem Mobiliar, deutlich abgeschabten Wänden oder Böden, kaputten Lampen, riechenden Toiletten, verstaubten Vorhängen (so dies der Brandschutz überhaupt noch zulässt), breiten, kalten Fensterfronten oder in mit Kinderbastelprodukten zugehängten Räumen – kann man sich da wohlfühlen?

Reflexionsimpuls

> Antworten Sie selbst gern mal ehrlich: Wenn Sie sich in den Räumen Ihrer pädagogischen Einrichtung umschauen oder Sie sich vorstellen – fühlen Sie sich darin wirklich wohl? Was mögen Sie? Was finden Sie unangenehm? Was stört Sie? Was hätten Sie schon längst renoviert, wenn es Ihre Wohnung wäre?

Es geht darum, ob eine Atmosphäre besteht, in der man sich wohlfühlt, willkommen fühlt, sich entspannen darf – eine Atmosphäre, die einlädt, Mensch zu sein, sich niederzulassen.

Und nun wechseln Sie die Perspektive: Auch die Kinder halten sich mehrere Stunden bis den ganzen Tag in den Räumen Ihrer Einrichtung auf. In diesen Räumen verbringen sie einen großen Teil ihrer Kindheit, ihres Lebens.

Die Ganztagsschule, der Hort, die Schulkindbegleitung – sie sind der Lebensraum der Kinder, der wiederum auf die umgebende Lebenswelt wirkt und Impulse von ihr aufnimmt: Bestenfalls kann er ein multifunktionaler Kulturraum für Erziehung, Bildung, Erlebnis, Austausch und Gestaltung sein (→ Praxisbeispiel Alemannenschule Wutöschingen, S. 86 f.).

Die Herausforderungen, die sich aus diesem Doppelblick ergeben, sind vielfältig. Sie erfassen Schul- und Sozialpädagogik gleichermaßen. Die einen kümmern sich um Bildung, die anderen um die Lebenswelten der Kinder? Diese Trennung ist längst hinfällig. Schul- und Sozialpädagogik überschneiden sich. Kooperationen sind notwendiger denn je (vgl. Opp 2015: 16).

Gerade im Handlungsfeld Raumgestaltung zeigt sich, wie wichtig das Ineinandergreifen von formalen, non-formalen und informellen Settings ist (vgl. Plehn 2023: 30–48) – und ein Miteinander der beteiligten Akteure. Denn hier geht es nicht nur um Fragen nach einer altersgerechten, funktionalen Ausstattung, sondern um die gemeinsam abgestimmte kindorientierte Gestaltung eines Lebensraums. Es geht darum, wie Bildung, Erziehung, Entwicklung und Begleitung einen kindgerechten Rahmen über den gesamten Tag hinweg finden können. Ein Projekt, das sich nicht von heute auf morgen umsetzen lässt, aber Schritt für Schritt erreicht werden kann.

Alle Akteure sollten dabei zusammenarbeiten. Neue Orte entdecken, Orte neu entdecken und gestalten, orientiert an den Kindern. Vielleicht kann es dabei um mehr gehen als um ein »um die Ecke Räumen der Tische«. Vielleicht kann es auch um ein »Um-Denken« gehen: Die jeweiligen lerntheoretischen und sozialpädagogischen »Essentials« (Tennstedt & Wedekind 2005: 36) kennenzulernen, unterschiedliche Sichten abzugleichen und vielleicht schrittweise eine Idee darüber zu entwickeln, wie die Kinder gemeinsam abgestimmt begleitet und unterstützt werden können.

Impulse zur Raumgestaltung stellen wir in diesem Kapitel vor. Anknüpfend an den Bedürfnissen der Kinder (→ Kap. 2) werden im Folgenden – auch im Bestand – praktisch umsetzbare Beispiele qualitätvoller, kindgerechter Raumgestaltungen vorgestellt – im Rückgriff auf bundesdeutsche Qualitätsmodelle für die Ganztagsbildung, wie der Hort- und Ganztagsangebote-Skala (HUGS, Tietze et al. 2007), den Nationalen Kriterienkatalog aus dem Projekt »Qualität für Schulkinder in Tageseinrichtungen und offenen Ganztagsgrundschulen« (QUAST, Strätz et al. 2008) und auf den Nationaler Kriterienkatalog für pädagogische Qualität in Tageseinrichtungen für Kinder (Tietze et al. 2016), ergänzt durch eigene Überlegungen.

5.1 Sich bewegen, spielen, den Körper erfahren

Vielfältige Bewegungsangebote zu bieten, ist eine Querschnittsaufgabe ganztätiger Entwicklungs- und Bildungsbegleitung, die alle Fachkräfte betrifft. Denn die Bedürfnisse nach spielerischen Bewegungsmöglichkeiten und Körpererfahrungen sind enorm. Spielen ist auch für Kinder in der mittleren Kindheit sehr wichtig. Spielen bringt Kinder zusammen, ermöglicht gemeinsame lustbetonte, befriedigende Erfahrungen mit Gleichaltrigen. Spielen schafft Bewegung, ermöglicht gemeinsame schöne Erlebnisse, verbessert die Wahrnehmung und fördert die Kreativität.

Die Optionen für bewegende Anregungen in Räumen sind vielfältig. Mit Blick auf Bewegungsräume ist zunächst die Turnhalle ein vorhandener und in der Regel vielfältig ausgestatteter Raum. Ein großer Raum, der in den Zuständigkeitsbereich der Schule fällt. In der Praxis ist festzustellen, dass es eine gewisse Scheu gibt, diesen Bewegungsraum für die Nutzung jenseits von AGs freizugeben. Hier gilt es, den Leitgedanken einer kindorientierten ganztägigen Bildung unter Nutzung aller Räume in die Realität zu überführen. Die Lehrkräfte wie auch die sozialpädagogischen Fachkräfte haben die gleichen Aufträge: Bildung und Erziehung der (selben) Kinder. Die gemeinsame Nutzung der vorhandenen Räume ist logisch und konsequent. Wie ein Unternehmen mit mehreren Abteilungen und einem gemeinsamen Ziel, arbeitet jede Abteilung darauf hin, unter Einsatz aller erforderlichen Ressourcen. Das braucht dann auch Regeln, an die sich alle Beteiligten halten.

Hinweis

Werden die Bewegungsansprüche der Kinder ignoriert, ist erfahrungsgemäß zeitnah und deutlich mit Aggressionen und Zerstörungen zu rechnen. Und umgekehrt: Geht es im Ganztag zu lebhaft, zu rau, zu stressig und zu aggressiv zu, hilft in der Regel die Platzierung eines gut ausgestatteten Bewegungsbereichs.

Der pädagogische Anspruch wäre, dass viele der Räume so gestaltet sind, dass sie den Kindern neben anderen Anregungen auch vielfältige Möglichkeiten der spielerischen Bewegung und Körpererfahrung bieten.

Jede Einrichtung sollte daher über einen großen Innenraum, in dem grobmotorische, großräumige Bewegungen möglich sind, z. B. klettern, springen, rennen, tanzen usw. verfügen. Dies kann ein Bewegungs- oder Mehrzweckraum sein. Für die Kinder ist er frei zugänglich, er steht täglich zur Verfügung und ist ansprechend und abwechslungsreich gestaltet. Jüngere Kinder haben einen eigenen Bereich, der von dem Bereich für die älteren Kinder abgetrennt ist bzw. es gibt Regelungen, damit die älteren Kinder Jüngere bei grobmotorischen Aktivitäten nicht gefährden.

Es gibt mehrere fest installierte Angebote für spielerische grobmotorische Aktivitäten im Innenbereich (Tischtennisplatte, Kletterwand, Boxsack). Diese sind in einem guten Zustand und für das Alter der Kinder angemessen. Sie sind für die Kinder leicht zugänglich. Sie sind robust und stimulieren eine Vielfalt von Fertigkeiten.

Dem Bewegungsbedürfnis der Kinder Rechnung zu tragen, fordert oftmals ein Umdenken: in formalen und in non-formalen Bildungskontexten.

Außerdem stehen bewegliche Materialien zur Einzelaktivität und für Gruppenaktivitäten zur Verfügung (Bälle, Ausstattungen für Tischtennis, Federball, Speedminton, Tennis, Hockey etc.). Diese beweglichen Materialien für grobmotorische Einzel- oder Gruppenaktivitäten sind für die Kinder zur selbstständigen Nutzung leicht zugänglich.

Sinnvoll ist eine Kombination von Standgeräten, z. B. Kicker, Airhockey, Tischtennis, Billard, Jakolo mit montierten Einzelgeräten, z. B. Hangelpfad, Kletterwand plus beweglichen Ausstattungsteilen, z. B. Bällen, Schaumstoffkörpern, Matten, Seilen.

Kinderstimmen

Frage: In welchem Raum bist du am liebsten und warum?

Ferdinand, 6 Jahre, Sophia, 9 Jahre, Melina, 8 Jahre: Ich mag das Kreativ-Zimmer. Wegen der vielen Bastelmöglichkeiten. Weil ich da malen kann und manchmal auch auf der Bühne tanzen darf. Weil das Kreativ-Zimmer schön groß ist.

Unbekannt: Im Kreativraum, da kann man viel malen, basteln; im Ruherauem, weil es ruhig ist

Unbekannt: In der Bibliothek, weil es dort gemütliche Sitzecken gibt.

Tristan, 7 Jahre: Das Hausi-Zimmer mag ich auch, weil ich dort meine Hausaufgaben machen kann.

Unbekannt: In der Bibliothek, weil es da meistens so schön ruhig ist.

Unbekannt: Im Ruheraum, weil man sich da ausruhen kann, wenn man traurig ist, da kann man liegen und weil andere da nicht hinkommen dürfen.

Sie sind sich einig: Tristan, 7 Jahre, Konstantin, 9 Jahre, Ferdinand, 6 Jahre, Emilian 7 Jahre, Joshua, 7 Jahre, Melina, 8 Jahre: Ich mag die Bau-Ecke, weil ich schöne Dinge selbst bauen kann, am liebsten mit den Kapla Steinen. In der Bau-Ecke mag ich die verschiedenen Ebenen zum Bauen. Weil man da auch Vorführungen auf der Bühne machen kann und viele Spielsachen da sind, Playmobil-Bauernhof, Playmobil-Hotel, Reiterhof, Puppentheater.

5.1.1 Klettergeräte

Für die Montage einer Kletterwand bedarf es keiner Schulsporthalle, sondern nur eines Raums mit massiven Wänden für stabile Befestigungsverschraubungen. Kletterwände, die ohne Kletterseil und Klettergurt von Kindern und Jugendlichen genutzt werden können, sogenannte »Boulderwände«, haben altersgerechte Absprunghöhen (Fallhöhen unter 60 cm) und können sowohl in Einzelteilen als auch in vorgefertigten Wandsegmenten von Schulausstattern bezogen werden.

Kletterwand

Die *»Kletterwand Kastanie«* (Foto unten) ist ein solches Beispiel: Die Bildtapete mit grünem Baumlaub weckt Assoziationen zur Natur, wirkt beruhigend und lädt gleichzeitig zum Klettern ein. Sie ist in diesem Fall auf Platten vorgefertigt, die daher schnell und relativ einfach aneinandergereiht verbaut werden können. Die abgebildeten Klettergriffe sind für jüngere Schulkinder besonders geeignet, weil sowohl das Draufstellen mit den Füßen als auch das Festhalten mit den Händen gut möglich ist. Für ältere Kinder gibt es in Größe, Form, Farbe sowie Oberflächenstruktur variierende Modelle.

Hangelpfad

Der *»Hangelpfad an Wand und Decke«* (Foto unten) erweitert das Spektrum der Bewegungserfahrungen, da neben den an Wand und/oder Decke verschraubten Halteelementen (Grundkonsolen) einige Klettertaue, Strickleitern, Hängebälle, aber auch Schaukel- und Schwungelenente hinzugefügt werden können.

Hinweis

Kletterwände und Hangelpfade sind überraschend platzsparend. Die verschraubten Wand- und Deckenausstattungen beeinträchtigen die übrige Raumnutzung nur insoweit, als die Bodenstreifen (Absprungflächen) unter den bestückten Wänden mit schmalen Bodenmatten ausgelegt werden sollten. Auf den übrigen Mittelflächen des »Bewegungsraumes« können durchaus Spieltischgeräte (z. B. Kicker oder Airhockey) stehen oder dickere Matten für Bewegungsspiele mit Ball- und Schaumstoffkörpern liegen.

Der Einbau von Kletterwänden darf nicht in Eigenregie erfolgen, sondern muss mit dem Träger abgesprochen werden. Denn der ist zuständig für die passgerechte und stabile Befestigungsarbeit im Schulgebäude (Haftungsgründe).

Bewegungscenter

Das auf dem Foto unten gezeigte Balkensystem ist variabel und flexibel montierbar. Nach eigenen Wünschen können Hangelseile, Hängebälle, Sprossenleitern, Schaukelteile etc. eingehängt werden. Dabei benötigt es nicht einmal eine Deckenbefestigung. Insgesamt sind drei Aufbau- und Montagevarianten für das Balkensystem möglich: 1. freistehend, 2. montiert von Wand zu Wand oder 3. einseitig an der Wand befestigt. Die Balkenlängen sind an die Raumbreiten anpassbar. Das bedeutet, sowohl in Altbauräumen einer Schule als auch in geplanten Räumen eines Neubaus lässt sich eine multifunktionale Raumnutzung erreichen, ohne Sorge um stabile Befestigungsmöglichkeiten.

Bei der Beschaffung ist auf das GS-Siegel (Geprüfte Sicherheit) zu achten!

Hinweis

5.1.2 Bewegungsspiele mit Standgeräten

Standspiele wie Kicker oder Tischtennis sind in vielen Einrichtungen vorhanden. Hier können sich die Kinder zu zweit oder zu viert, aber auch in der größeren Gruppe austoben. Wichtig ist beim Aufstellen in Innenräumen, einen genügend großen Radius für die Laufwege um die Geräte herum einzuplanen. Ebenfalls bei Kindern sehr beliebt sind Airhockey oder ein Magnetspieltisch:

Air-Hockey

Das klassische **»Air-Hockey«** (Foto unten) ist ein sehr schnelles Spiel, bei dem ein Puck auf dem Weg zum gegnerischen Tor hin und her über die Tischfläche angetrieben wird. Die Geschwindigkeit resultiert aus dem elektrisch betriebenen Gebläse, das für ein Luftkissen auf der Spielfläche sorgt, sodass die Bewegungsreibung für den Puck minimalisiert wird.

Das **»Speedhockey«** ist eine ähnliche Konstruktion, das aber ohne ein Elektrogebläse auskommt und stattdessen über eine überaus harte, glatte Tischfläche verfügt. So kann es keinen technischen Defekt oder Verluste von Technikteilen geben.

Magnetspieltisch

Bei dem **»Hölzernen Magnetspieltisch«** (Foto unten) mit wahlweiser Veränderungsmöglichkeit als Stand- oder flaches Tischgerät gibt es auch die Wahl für andere Spielfeldversionen (z. B. Fußball oder Eishockey). Zwei oder vier Spielfiguren werden durch Magnetbewegungen unter der hölzernen Spielfläche in Gang gesetzt, um die Kugel (Ball oder Puck) ins gegnerische Tor zu bugsieren.

Hinweis

Standgeräte werden von verschiedenen Herstellern angeboten, auch als Flachversionen, um sie auf einen Tisch zu legen. Letztere bieten zwar weniger umfassenden Bewegungsspaß, sind aber dennoch eine Bereicherung für jede Spielothek.

5.2 Den Peers begegnen, zusammen sein

Für »große Kinder« gewinnen die sozialen Beziehungen zu Gleichaltrigen, der Austausch von Gedanken und Meinungen, an Bedeutung. Sie brauchen Räume, in denen sie von Erwachsenen und von anderen Kindern ungestört Zeit miteinander verbringen können. Sie wollen reden, chillen, spielen etc. Möglichkeiten, dass sich Kinder einander tief, nicht oberflächlich begegnen können, sind sehr wichtig für eine offene, wertschätzende und zuwendungsreiche Schulatmosphäre. Sie sind ein weiterer Grundpfeiler des Wohlbefindens in Angeboten ganztägiger Entwicklungs- und Bildungsbegleitung für Kinder im Grundschulalter.

Orte der Begegnung können sein: die Cafeteria bzw. das Kinderbistro, die Spielothek (mit Tischspielen), ein Clubraum etc. und viele weitere Möglichkeiten. Multifunktionale Raumnutzungen bieten hier überraschende Möglichkeiten.

Eine durchdachte Gestaltung schafft auch in einem Durchgangsraum Orte für Begegnung und Kommunikation.

Praxistipp

Man mag zunächst an die Mensa/den Essensraum als Ort der Begegnung denken. Das gilt es aber detailreicher zu prüfen: Sind die Kinder von Erwachsenen ungestört? Können sie selbst entscheiden, mit wem sie zusammen sind? Fühlen sie sich unbeobachtet? Haben sie gleichzeitig vorgegebene Aufgaben, wie z. B. zu essen? Haben sie für ihr Bedürfnis nach Geselligkeit genug Zeit?

Es hat sich nicht bewährt, den Cafeteriabetrieb mit dem Mensabetrieb in denselben Räumlichkeiten zu realisieren. Von der Ausstattung her läge eine Doppelnutzung zwar auf der Hand, aber die Cafeteria – als Aufenthaltsraum nach dem Unterricht – sollte aus organisatorischen **und** pädagogischen Gründen getrennt sein von der Mensa – dem Ort fürs Mittagessen (zur pädagogischen Gestaltung des Mittagessens vgl. in dieser Reihe: Renner, Perry & Plehn 2022). Zur Mittagszeit ist die Mensa in vielen Einrichtungen überlastet, mancherorts essen die Kinder in »Schichten«, um Überfüllung zu vermeiden. Träfen die Nichtesser, die die Cafeteria zur Begegnung nutzen wollen, und die regulären Mittagesser, die die Mensa zur Hauptmahlzeit in Anspruch nehmen wollen, räumlich aufeinander, wäre so manche Mensa schlichtweg überfüllt. Mensa und Cafeteria sollten daher zwei eigenständige Bereiche sein.

Mensa der Alemannenschule Wutöschingen.

5.2.1 Cafeteria & Bistro

Dieser Bereich ist in der Ganztagsschule der zentrale und vielseitigste, in gewisser Weise das »Herzstück« der gesamten Einrichtung. Aus diesem Grund ist der Raumgestaltung in Bezug auf Farbwahl und Mobiliarausstattung besondere Aufmerksamkeit zu widmen. Hier geht es um Praktisches – die Stühle sollten zur Lärmvermeidung keine ausgestellten Metallbeine haben – ebenso wie um Ästhetisches – farbige Tischplatten in abwechslungsreichen Formen lockern die Atmosphäre auf. Die mobilen Tischensembles lassen sich den Nutzungsansprüchen der verschiedenen Altersstufen anpassen. In größeren Schulen sollten für Unter- und Mittelstufe gesonderte Snackräume eingerichtet werden, z. B. die Jugend-Cafeteria und das Kinder-Bistro. Besonders beliebt ist die verbundene Innen- und Außencafeteria, sodass die Kinder draußen snacken und zusammen sein können.

Cafeteria und Bistro der Schulkindbetreuung Schlossgespenster der Adalbert-Stifter-Schule, Heusenstamm, Landkreis Offenbach, Hessen.

Tipp

> Oft sind nur relativ einfache bauliche Veränderungen nötig, vielleicht der Umbau eines Fensters zur Tür, um einen Zugang zur Außencafeteria anzulegen. Eventuell muss die bestehende Cafeteria vor dem Umbau in einen anderen Teil der Einrichtung verlegt werden, damit an ein passendes Außengeländestück mit Platz für das Gartengestühl angedockt werden kann.

5.2.2 Orte der Begegnung in größeren Räumen

(Complete-Zonen)

Sie sind nur selten im Fokus von Schulausstattern, Innenarchitekten oder pädagogischen Fachkräften – die »Aufenthaltsorte« in ungenutzten Raumecken des Gebäudes. Dabei ist es durchaus augenfällig, dass große Kinder nach der Schule »Plätze« oder »Sitzensembles« suchen, um sich niederzulassen – mal allein, um nachzudenken oder um etwas Abstand zu gewinnen, mal in Begleitung (aber in der Nähe der Allgemeinheit). Gemütliche Orte fürs Schwatzen und Chillen lassen sich leicht im Eingangsbereich einer Bibliothek oder Mediothek, in den Randflächen einer Aula oder in Nischen des Kunst- oder Musikraums einrichten.

Tipp

> Wandern Sie – mit den Kindern – mit offenen Augen durch die Einrichtung. Fragen Sie die Kinder, wo es gemütlicher sein könnte, welche Ecken/ Bereiche noch gemütlicher gestaltet werden können und womit.

Schwatzen im Schrank

Eine Schrankwand mit Sitznische plus Stuhl-Tisch-Sitzgruppe plus Schaumstoff Sitzpolster mit Rückwand – die Sitzmöbel sind einladend (Foto unten). Bei der modern gestalteten Schrankwand sind die schrägen Flächen als Türen zu öffnen. Der Schrank ist also funktionsfähig,

Hexagonale Gemütlichkeit

Die Sitzgruppe in Form hexagonaler Einzelteile aus Schaumstoff, die sich wabengleich aneinanderfügen, bietet variantenreiche Gesprächsmöglichkeiten. Das Foto unten zeigt eine Gruppe von sechs Kindern, bei denen jedes für sich einen kleinen Eigenbereich beanspruchen kann. Die Sitzgruppe ist in diesem Fall in einer Schülerbibliothek aufgebaut.

5.2.3 Orte der Begegnung in Verkehrsflächen

Flure oder bisher wenig genutzte Bereiche in Treppenhäusern, Erkern oder Eingangshallen, sogenannte »Between-Zonen«, lassen sich häufig als Orte der Begegnung, der Unterhaltung oder als Rückzugs- oder Lernort nutzen. Waren solche Lösungen früher aus Gründen der Fluchtwegsicherung (unverstellte Wege) und des Brandschutzes absolut tabu, haben Möbelhersteller und Schulausstatter inzwischen Lösungen entwickelt, die den Sicherheitsanforderungen genügen: Sie bieten Möbel(-elemente) aus nicht brennbaren Materialien, die fest verschraubt werden können.

Tipp

Eine sehr instruktive Broschüre zum »Brandschutz im Schulbau. Neue Konzepte und Empfehlungen«, 2017 herausgegeben vom Bund Dt. Architekten (BDA), Dt. Bundesstiftung Umwelt, Montag Stiftung Jugend und Gesellschaft, Techn. Univ. Kaiserslautern, Unfallkasse NRW und Verband Bildung und Erziehung (VBA), kann mit dem Betreff Brandschutz bestellt werden über: jugendundgesellschaft@montagstiftungen.de oder kontakt@bdabund.de. Als Download unter https://gruberpopp.de/wp-content/uploads/2018/05/Brandschutz_im_Schulbau_interaktiv.pdf

Kurzer Schwatz im Flur

Auf dem Foto unten ist gut zu sehen, dass die beiden Aufenthaltsorte in einem weitläufigen Flur den Fluchtweg nicht behindern. Alle Materialien sind nicht brennbar und gehören zur Brandschutzklasse 2. Das Mobiliar ist unverrückbar verschraubt. Das links im Bild befindliche Arrangement ist eigentlich ein Stehmöbelensemble, das besonders gern angenommen wird, weil es den lässigen Wechsel zwischen Sitzen, Stehen und unaufdringlichem Dabeisein ermöglicht. Nicht immer gibt es derartig große Flächen für solche Montagen, gelegentlich aber sind angrenzende Nischen oder kleinere Freiräume unter Treppenabsätzen, die nicht direkt in Laufwegen liegen, durchaus geeignet für eine solche oder ähnliche Ausstattung.

Nischenlösung

Diese kompakte Sitzgruppe (Foto unten) kann in Verkehrsflächen wie Flur oder Eingangshalle fest montiert werden. Es stören keine Stuhlbeine, das moderne Design schafft Akzeptanz. Das größere Komplettteil mit einem Wangentisch und zwei Wangenbänken ist eine Art Fertigzelle, die auch auf einer leeren Fläche freistehend fest montiert werden kann.

Wohlfühlecke in der Nische

Sitzwürfel und Tische vor einer Fototapete – eine optisch wirksame Form der Gestaltung, die sich mit einfachen Mitteln an jeder glatten Wand herstellen lässt. Hier wurde ein Wasserfall als Hintergrund gewählt (Foto unten), aber die Motivvielfalt von Bildtapeten ist groß. Daher lassen sich »Wohlfühloasen« mit ganz unterschiedlicher Stimmung an vielen Orten schaffen, auch in Fluren oder größeren Räumen. Mehrere »Wohlfühlsegmente« nebeneinander laden zum Schwatzen oder Chillen ein – je nach Stimmung. Vielleicht mögen Kinder hier auch gern konzentriert denken und lernen.

5.2.4 Spielothek

Miteinander spielen ist ein starkes Bedürfnis von Kindern, und Spielen beinhaltetet gleichzeitig vielfältige Lernanregungen: Ausgewählte Brettspiele, aber auch Computerspiele sollten für die Kinder zugänglich sein. Ein eigener Raum, eine »Spielothek«, mit Tischen und Sitzgelegenheiten zum Spielen in der kleinen oder großen Gruppe, ist in mittleren und großen Einrichtungen unverzichtbar.

Denkbar sind auch als »Spielzonen« markierte Orte in der Einrichtung, sogenannte »Spiele-Ecken« oder »Spiele-Inseln« in geeigneten Räumen. Diese Spielzonen können auch temporär in den Räumen der Mensa entstehen – vor und nach dem Mittagessen. Dann können Brettspiele auf den Tischensembles zu geselligen Aktivitäten einladen.

Die Spielesammlung könnte ihren Platz auch in der Mediothek finden. Erfahrungsgemäß genügen ein oder einige wenige Vitrinenschränke, hinter deren Glasschiebetüren der Bestand allen Kindern sichtbar zur Verfügung steht. Bei größeren Einrichtungen empfiehlt sich der feste Einbau von Vitrinen an der Wand (oder einer Schrankwand), vor denen eine Ausgabetheke platziert sein sollte.

Die Spiele sollten für die Kinder leicht zugänglich sein und alle Spiele einen festen Platz haben, sodass sie wissen, wo sie diese finden und wohin sie diese zurückräumen, wenn sie nicht mehr benutzt werden. Die Auswahl von Spielen sollte gleichermaßen die Interessen von Mädchen und Jungen berücksichtigen, ebenso wie ihre verschiedenen ethnischen Hintergründe.

Tipp:

Das Spieleangebot der vielen Hersteller ist riesig, eine geeignete Auswahl zu treffen nicht ganz einfach. Einige Schulausstatter bieten »Spielepakete« mit einer für Kinder in der mittleren Kindheit geeigneten Auswahl (jeweils 10–20 Einzelspiele) an. Hilfreich ist darüber hinaus die Recherche auf der Website des Deutschen Verbandes der Spielwarenindustrie (DVSI).

Lassen Sie doch die Kinder ihre Spiel-Erfahrungen teilen: Jeder bringt sein Lieblingsspiel mit – und dann wird getestet!

5.3 Sich zurückziehen, ausruhen, erholen

Abschalten vom Lärm, Rückzug aus der Hektik, Orte für Selbstbesinnung und Ruhe zählen (nicht nur) zu starken Bedürfnissen von Grundschulkindern. Räume, die das Zur-Ruhe-Kommen unterstützen, die behaglich sind und Geborgenheit vermitteln, sind wichtig, denn nur in einer ausgewogenen Balance von Ruhe und Bewegung kann sich Wohlbefinden einstellen. Hierhin können sich die Kinder allein oder in einer kleinen Gruppe zurückziehen. Dieser Raum bzw. Ort ahmt das heimische Wohnzimmer oder Kinderzimmer nach. Hier können sie in entspannter Atmosphäre chillen, Musik hören, lesen etc. Wird die pädagogische Einrichtung von vielen Kindern genutzt, sind möglicherweise mehrere Rückzugsorte notwendig. In hohen Räumen kann eine zweite Ebene innerhalb des Raumes eingebaut werden oder Nischen hinter Spielgeräten oder Möbeln geschaffen werden.

Rückzugsorte laden mit verschiedenartigen Sitzgruppen, Liegemöbeln, Tischensembles zum Verweilen ein. Sie bieten Platz zum Chillen, Relaxen und zu anderen ruhigen Beschäftigungen. Es sind Orte zum Wohlfühlen, eingerichtet mit Möbeln ohne »Schulcharakter«, also nicht funktional, sondern gemütlich, mit einem Teppich, weichen und gemütlichen Sitzpolstern, Kissen, Decken, Raumteilern, mobilen Trennwänden und Pflanzen, weichem, indirektem Licht. Dabei dürfen sich Kinder auch ihren eigenen Rückzugsbereich schaffen, z. B. indem sie Möbel bewegen.

Getränke dürfen mitgebracht werden oder sind am Trinkbrunnen vorhanden, Bücher stehen bereit, es gibt Stehtische für Sitzmüde sowie normale Stühle und Großflächentische für Interessierte.

Auch sollte es den Kindern erlaubt sein, selbst gewählte Materialien in ihren Rückzugsbereich mitzunehmen, vielleicht ein eigenes Buch oder ein ausgeliehene tragbare Musikanlage (CD-Spieler/MP3-Player **mit Kopfhörern**).

5.3.1 Snoezelen-Raum

Ein Snoezelen-Raum (Foto unten) bietet durch seine Gestaltung eine ganz besondere Atmosphäre und Möglichkeiten für Ruhe und Entspannung. Es ist ein Raum mit »Chamäleonpotenzial«, denn er vermag sich in Aussehen und Farbgebung völlig zu verändern. Das wird möglich durch unterschiedlichste Lichtquellen, die in Helligkeit und Farbe variieren, sodass der »Grundton« des Raumes von den Kindern verändert werden kann. Eigentlich ist der Raum in Ausstattung und Wandfarbe ein weißer Raum (»Whiteroom«), den die Kinder mit Projektoren, Grafik-Lichtwerfern, Farbwechsel-Drehscheiben und Lichtfasersträngen beeindruckend umgestalten können, sodass ein neues Ambiente entsteht.

Tipp:

> Auch kleinere Räume (auch solche mit wenig Licht), die es in Einrichtungen oftmals gibt, z. B. ein Karten- oder Differenzierungsraum der Schule, lassen sich gegebenenfalls zu einem Rückzugs-/Ruheraum umgestalten.

Kinderstimmen

Frage: Wie muss ein Raum aussehen, was sollte drin sein, damit du dich in ihm wohlfühlst?

Paula, Melina und Sophia, 7 Jahre: Ein großer Raum mit ganz viel Platz, modern eingerichtet. Rückzugsmöglichkeiten zum Entspannen (Sitzsäcke, Sofa, Hängematte), ein extra Bereich zum Tanzen und Theater aufführen, Klimaanlage für den Sommer und Heizungen für den Winter, viele große Fenster.

Constantin 9 Jahre und Maximilian 8 Jahre: Schöne Lampen und großer Kronleuchter an der Decke, Rollos an den Fenstern, um die Sonne im Sommer draußen zu lassen, Wände, Boden und Decke in Weltraum-Optik, damit das Zimmer cool ist.

Unbekannt: Pflanzen
Unbekannt: Holz und Werkzeuge zum Werken
Unbekannt: Ein Teppich, weil es gemütlicher ist, wenn man sich hinsetzt

Benedikt, 8 Jahre: Der Boden sollte mit einer Judomatte bedeckt sein.

Unbekannt: Eine Tafel, Spiele, Action-Spiele, Abenteuerspiele

Paula, 7 Jahre: Ich hätte gern auf jeden Fall Tiere, ein Fisch oder Mäuse oder eine Schildkröte

Tristan, Stev, 6 Jahre; Joshua, 7 Jahre; Emilian, 7 Jahre: Unser Zimmer soll schön groß sein, mit zehn Fenstern, ein Teppichboden, Tischen und Stühlen, einem Fernseher, einer Musikanlage, Kuscheltiere, Bett, Bücher, Drohne, Spielekonsolen, Sofa, eine Disco-Lampe, ein Schlagzeug, eine Uhr und ein Tresor.

Sophia, 9 Jahre: Ich fühle mich auch wohl, weil es große Zimmer gibt, meine Freunde hier sind und wir unterschiedliche Möglichkeiten zum Spielen haben.

5.4 Konzentriert und selbstständig lernen, entdecken, recherchieren

Der zentrale Lernraum im Kontext Schule ist wohl das Klassenzimmer der Kinder. Folgt eine Schule dem Leitziel einer kooperativen Begleitung und Unterstützung der Kinder, ist eine Nutzung der verschiedenen Unterrichtsräume auch nach dem Unterricht logisch. Da hier bereits die Schulmaterialien der Kinder lagern, bietet es sich an, dass die Kinder hier Schulaufgaben bearbeiten (falls diese überhaupt noch aufgegeben werden) bzw. für den Unterricht lernen, sich vor- und nachbereiten. Dieser Raum kann sinnvoll genutzt werden, um konzentriert an Projekten weiterzuarbeiten, die eine ruhige, strukturierte Atmosphäre und eine Ausstattung mit Tisch und Stuhl erfordern. Mit den angestrebten Formen der flexibel gestalteten Wissensvermittlung und der Hinführung zum selbstständigen Lernen ähneln Klassenräume in Ganztagsschulen heute zudem im besten Fall großen Lernlandschaften, die in verschiedenen Raumteilen bestimmte Lerninseln, Materialdepots, Werkzeugstationen, Probierfelder, Digitalpoints etc. für besondere Lehr- und Lernabläufe vorhalten, die auch nach Unterrichtsende Orte zum individuellen Lernen sein können.

5.4.1 Selbstlerninsel und Selbstlernstation

Die Abgrenzung einer »Lerninsel« mit Möbeln lässt sich nur in großen Klassenräumen verwirklichen. Der Vorteil liegt in der halben Höhe der Möbel, denn der Sichtkontakt bleibt erhalten, den beidseitig bedienbaren Fächerschränken für Materialien, Geräte und Kleinutensilien. Alle Abgrenzungsmöbel haben Rollen, sodass nach Nutzungsvorhaben die Bereichsgrenzen flexibel verändert werden können.

Die besondere Möblierung dieses Raumes macht störungsfreies Arbeiten möglich (Foto oben). Denkbar wäre die Nutzung als Schulaufgabenraum, auch als Selbstlernzentrum oder Kinderbüro. Beachtenswert sind an den höheren Möbelteilen die Rollen (auch die Tische haben solche Rollen), sodass die Arbeitsplätze nach unterschiedlichen Ansprüchen flexibel umgeordnet werden können.

Selbstlerninsel der Grund- und Mittelschule (Bechhofen).

5.4.3 Lernwaben

Kinder mögen sichere Rückzugs- und Ruheorte, ohne sich gleichzeitig isoliert zu fühlen. Im Rahmen einer Schulentwicklung stießen Daniela Bär (Architektin) und Marcel Hofmann (Lehrer und Schulleiter) auf die Wabenstruktur und erkannten ihre Möglichkeiten für einen modernen, differenzierten Unterricht, in dem das Kind im Fokus steht. Die Lernwaben werden von den Kindern als Rückzugsort zum Lernen und Lesen, zu Arbeiten an digitalen Geräten, zum Musikhören oder zur Entspannung genutzt. Für mehrere Schüler bietet eine Wabe einen angegrenzten Raum, um eine Gruppenarbeit zu besprechen oder einen Vortrag vorzubereiten. Erfahrungsberichte zeigen, dass Kinder in den Lernwaben zur Ruhe und Konzentration finden.

Das Hineinklettern in die Lernwaben fördert Geschicklichkeit und motorische Fertigkeiten. Und durch die sechseckige Form bieten sie eine Abwechslung in der Wahrnehmung alltäglicher runder und viereckiger geometrischer Formen. Innen können sie durch die Kinder vielfältig gestaltet werden – je nach Vorhaben.

Es wurden zwei Wabentypen patentiert:

- Die Holzwabe, die als vielfältig gestaltbares Raumsystem vom Schreiner ge- und eingebaut wird. Sie ist aufgrund des warmen und natürlichen Werkstoffs angenehm berührbar, qualitativ hochwertig und bewahrt auch nach jahrelangem Gebrauch mit ihrer Patina Stil und Ästhetik. Sie kann an einer Wand befestigt werden oder als Raumteiler Akzente setzen.

- Die Kartonwabe wird als kostengünstiger Bausatz entweder mit Kindern gebaut (z. B. im Unterricht, Foto unten) oder fertig montiert geliefert. Ihre Lebensdauer wird auf mindestens fünf Jahre geschätzt. Sie kann flexibel im Raum aufgestellt oder aufeinander gestapelt an der Wand befestigt werden.

5.5 Die Welt verstehen – (auch) mit den Händen

Was Kinder sich wünschen

»Ein extra Bereich zum Tanzen und Theater aufführen und Holz und Werkzeuge zum Werken wären toll.«

Auch nach der letzten Unterrichtsstunde wollen Kinder lernen. Es beschäftigen sie Fragen und Themen, die die Erwachsenen der Welt der Mathematik, Natur, Logik, Kunst, Musik, Politik, Medizin usw. zuordnen. Es sind ihre ganz eigenen Fragen, und sie entstammen den unterschiedlichen und individuellen Interessen der Kinder. Auch als »große« Kinder wollen sie bauen, konstruieren, werken, etwas Echtes mit ihren Händen machen. Die Lust, mit Materialien zu hantieren, sie zu bearbeiten, mit ihnen kreativ zu werden, endet nicht mit dem Verlassen des Kindergartens und dem Eintritt in die Schule.

Horte, Schulkindbegleitungen und Ganztagsschulen müssen es Kindern ermöglichen, ihren eigenen Fragen und Themen mit eigenständigem Suchen nach Inspirationen und Antworten nachzugehen. Dafür bieten sie geeignete Räume/Orte nebst Ausstattung an.

Horte haben dafür mehrere Räume, sind ausgestattet mit Werkstätten zur Holzbearbeitung, mit Ateliers, um kreativ mit Farben und Materialien umzugehen, verfügen vielleicht über einen Töpferbereich oder andere bzw. weitere handwerkliche Tätigkeitsbereiche.

Auch Ganztagsschulen und Schulkindbegleitungen unter dem Dach der Schule sollten den Kindern Bereiche anbieten, in denen diese mit unterschiedlichen Materialien und altersgemäßen Werkzeugen bauen, konstruieren und werkeln können. Die Materialien sollten den Kindern täglich und in ausreichender Menge zur Verfügung stehen und für sie frei zugänglich sein. Diese Räume sollten ausreichend groß genug für handwerkliche Tätigkeiten sein und unvollendeten Werkstücke einen Platz geben – eben Werk-stätten.

Doch Achtung: Nicht die Welt muss vollumfänglich in die Einrichtung geholt werden – Kindern muss der Zugang zur Welt ermöglicht werden: vielleicht in der Musikschule (danach wieder in den Hort), bei einem Ausflug in den Wald (vielleicht danach wieder in die Schule), in die Raumausstatterwerkstatt, zum Bauern usw.

Eine anregungsreiche Ausstattung ist ein Merkmal guter Raumqualität, und es braucht eine Grundausstattung, die die Phänomene der Welt erfahrbar – verstehbar – machen kann. Für **naturwissenschaftliche Aktivitäten** oder Naturerfahrungen stehen daher den Kindern täglich diverse anregende Materialien zur freien Verfügung, z. B. Sammlungen von Naturmaterialien, Aquarium, Terrarium, Messinstrumente, Lupen, Magnete, Pflanzen, Haustiere, wissenschaftliche Bücher etc. Für Zugang zur **Welt der Zahlen und Logik** gibt es verschiedene und in ausreichender Menge vorhandene altersgemäße Materialien und Spiele, die den Kindern täglich frei zur Verfügung stehen, z. B. Montessori-Materialien. Für **künstlerisches Gestalten** stehen den Kindern ebenfalls täglich eine Vielfalt von Materialien zum freien Gebrauch zur Verfügung. Auch hierfür gibt es ausreichend Platz, um diverse Materialien aufzubewahren, z. B. Stifte, Kreide, Farben, Klebstoff, Scheren, Knete, Ton, Textilien etc. Für **musikbezogene Aktivitäten** stehen den Kindern Medien wie Abspiel- und Aufnahmegeräte zur Verfügung, z. B. Kassettenrekorder, CD-Player, MP3 Player, Computer. Auch haben sie Zugriff auf Tonträger bzw. Dateien mit vielfältigen Musikstilen. Sinnvoll sind auch einfache Rhythmusinstrumente wie Shaker-Eier, Waldteufel, Maracas etc.

Praxistipp

In der Konzeption von Ganztagsschule ist es nicht notwendig, dass der non-formale Bildungsbereich einen weiteren Musizier- oder Kreativ- oder Werkraum einrichtet. Im Sinne gemeinsamer, kooperativer Entwicklungs- und Bildungsbegleitung nutzen die Kinder die Räume des gesamten Campus'.

Wissen Kompakt

von Manja Plehn

Lernwerkstatt

Ein Raumkonzept, in dem Kinder ihren eigenen Fragen handelnd, entdeckend nachgehen können und das sich an der Lebenswirklichkeit der Kinder orientiert, die Vermittlung von Lerninhalten auf der Basis des forschenden Lernens anstrebt, vereint das Konzept der Lernwerkstätten.

Was ist eine Lernwerkstatt?

Eine Lernwerkstatt ist ein fest eingerichteter Raum mit vielfältigen Werkzeugen, Materialien und Alltagsgegenständen. Sie ist so eingerichtet, dass die Kinder zum Staunen, Fragen, Ausprobieren und Entdecken angeregt werden und forschend lernen können.

Lernwerkstatt der Lindenfeldschule in Schaafheim/Mosbach, Landkreis Darmstadt-Dieburg.

»In einer Lernwerkstatt kann fast alles zum Lernanlass werden: von der Toilettenspülung über die Schallplatte bis zu einem Comicheft. Die Neugier, das Vorwissen und die Fragen der Kinder strukturieren die Auseinandersetzung mit dem Gegenstand« (https://www.forschendes-lernen.net). Ob diese Auseinandersetzung allein oder in Gruppen, an 2 oder 20 Tagen, durch Versuch, Beobachtung oder Recherche geschieht, bestimmen die Kinder selbst.

Ausstattung
Für Lernmaterialien in einer Lernwerkstatt ist es charakteristisch, dass sie möglichst viele Sinne ansprechen, »so dass sich das Handeln der Kinder nicht im Ausfüllen eines weiteren Arbeitsblattes erschöpft« (Ideen für mehr! ganztägig bilden). Die Materialien in Lernwerkstätten sollen unterschiedliche Arbeitstechniken und Formen der Dokumentation und Präsentation der eigenen Lernergebnisse erfordern. Die Räume sind daher so zu gestalten, dass sie vielfältige Anreize geben zum Staunen, Wundern oder auch Irritieren und verschiedenste Zugänge zu Themen anbieten. Materialien, Werkzeuge, Stoffe und Alltagsgegenstände sind dabei so zu positionieren, dass sie barrierefrei zu greifen sind für jedes der nutzenden Kinder. Ein zentrales Kriterium ist, dass von der Lernwerkstatt ein »Aufforderungscharakter« für die Kinder ausgeht (Grieper 2013).

Tipp: Wenn Sie sich für forschendes Lernen in Lernwerkstätten interessieren und gute Beispiele sowie kollegialen Austausch in Ihrer Nähe suchen, können Sie hier recherchieren: https://www.forschendes-lernen.net/index.php/standorte.html

Weiterführende Links und Literatur:
https://lernwerkstatt.info/literatur

Lernwerkstätten an Ganztagsschulen:
https://www.ganztaegig-lernen.de/lernwerkstatt-0

Die Lernwerkstatt der Berliner Carl-von-Linné-Schule im Video:
https://deutsches-schulportal.de/konzepte/selbststaendiges-entdecken-und-forschen-foerdern/

5.6 Medien nutzen: spielen, recherchieren, lernen, kommunizieren

Die digitalen Medien als selbstverständlicher Bestandteil der Lebenswelt von Kindern im Grundschulalter.

Was Kinder sich wünschen

»Es sollte spannende Bücher geben und für ältere Kinder einen Lerncomputer, wenn sie Hausaufgaben haben.«

Kinder sehen Erwachsene am Handy, am Tablet, am PC arbeiten, kommunizieren, spielen und anderes mehr. Kinder interessieren sich für die Welt der Erwachsenen, für das, was sie tun und womit sie es tun. **Digitale Medien sind heute ein selbstverständlicher Bestandteil der Lebenswelt von Kindern im Grundschulalter. Durch die hohe Verbreitung von Smartphone, Tablet und PC verfügen sie allerdings häufig auch über einen ungehinderten und somit auch ungeschützten Zugang zum Internet** (Landesmedienzentrum Baden-Württemberg 2020).

Im Jahr 2014 wurden im Rahmen der repräsentativen Studie »Kinder und Jugend 3.0« 962 Kinder und Jugendliche zwischen 6 bis 18 Jahren befragt. Demnach nutzen 20 Prozent der 6–7-jährigen, 25 Prozent der acht- bis neunjährigen und 57 Prozent der zehn- bis elfjährigen Kinder zumindest ab und zu ein Smartphone (Kempf & Holdampf-Wendel 2014: 2). **In der Kinder-Medien-Studie zeigte sich, dass von den befragten 1.229 Kindern 27 Prozent täglich das Internet nutzen, weitere 28 Prozent zumindest ein-/mehrmals pro Woche** (MPFS 2017: 10).

Aus schulischer Sicht geht es im Rahmen von Medienbildung darum, die Kinder einerseits auf die vielfältigen positiven Möglichkeiten der Medien vorzubereiten und sie andererseits vor möglichen schädigenden Einflüssen zu schützen. **In einem Beschluss zur Medienbildung in der Schule verankert die Kultusministerkonferenz (KMK 2012) die Medienbildung als Pflichtaufgabe schulischer Bildung. Darin wird der hohe Stellenwert von Medienbildung in der Schule, etwa für die Förderung von Lernprozessen, die Persönlichkeitsbildung oder für das Urteilsvermögen begründet.** Die Ganztagsschule hat mindestens aufgrund ihrer zeitlichen Struktur große Potenziale, formale, non-formale und informelle Medien-Bildungsprozesse der Kinder zu begleiten und zu unterstützen. Auch beim Thema Medienbildung können verschiedene Lernkontexte gut miteinander verbunden werden – sowohl in der Nutzung der Räume als auch ihrer technisch-medialen Ausstattung sowie in der Nutzung der Kompetenzen der pädagogischen Akteure.

Aus sozialpädagogischer Sicht umfasst der Bildungsauftrag von Horten, die Interessen und Themen der Kinder aufzugreifen und sie an einen kompetenten Umgang mit digitalen Medien heranzuführen. Es geht darum, allen Kindern einen Zugang zu digitalen Medien zu ermöglichen und ihnen einen reflektierten Umgang damit nahezubringen. So können Kinder lernen, selbstbestimmt an der zunehmend digitalisierten Gesellschaft teilzuhaben und sie aktiv mitzugestalten (Fröbel e.V. 2020).

In der Medienbildung wird gar der Schlüssel für eine chancengerechte Zukunft gesehen: Die Gesellschaft für Medienpädagogik (GMK) fordert daher in einem Positionspapier eine Stärkung der Medienbildung entlang der gesamten Bildungskette, »so dass alle Menschen in der Lage sind, in ihren diversen

Lebenszusammenhängen verantwortungsbewusst, kompetent, selbstbestimmt und sicher mit digitalen Technologien sowie in Netzwerken zu agieren« (GMK 2020).

Mädchen und Jungen müssen die Vielfalt der Medien zumindest für ihre schulischen Aufgaben niedrigschwellig nutzen können. Hier geht es um die Recherche von Informationen und Meinungen sowohl auf analogen als auch auf digitalen Medien und im Internet. Die Mädchen und Jungen sollten ebenfalls die Möglichkeit haben, mit Informations- und Kommunikationsmedien zu experimentieren und kreativ umzugehen.

Tipp

Eine auch für den Ganztag anregende Broschüre zum sinnvollen, bereichernden Einsatz digitaler Medien in Kindertageseinrichtungen: https://www.froebel-gruppe.de/fileadmin/user/Dokumente/Broschueren_Themenhefte/Themenheft_Digitale_Medien_2020.pdf

Podestlandschaft der Grundschule Marienthal (Hamburg).

5.6.1 Bibliothek

Die klassische Bibliothek in einer Ganztagsschule, Schulkindbegleitung oder Hort ist nicht nur Lehrbuchsammlung für die verschiedensten Unterrichtsfächer. Sie ist darüber hinaus eine »Kinder- und Jugendbibliothek« mit einer breiten Palette von Sach-, Fach- und Jugendbüchern und daher auch als Präsenz- und Ausleihbibliothek angelegt. Zum Angebot gehören E-Bücher genauso dazu wie Hörbücher und altersgemäße Sprachspiele (z. B. Junior Scrabble, ABC Spiel, Leselotto etc.). Weitere Materialien zur Förderung der Sprache und der Lesefähigkeiten wie Zeitschriften, Kreuzworträtsel können die Kinder täglich frei zugänglich nutzen. Ob die Spiele ihren Platz in der Bibliothek oder in der Spielothek finden, muss jede Einrichtung selbst entscheiden.

Für ihre Vorhaben und Aufgaben müssen die Kinder Zugang haben zu PC-Geräten, ggf. Tablets, Vervielfältigungsgeräten wie Kopierer und Drucker. Die mobile Ausstattung sollte Einzel-, Kleingruppen-, aber auch kompletten Klassenbesuch zulassen, damit das Arbeiten in verschiedenen Sozialformen möglich ist. In Ganztagsschulen ist die Nutzung der schulischen Ausstattung konsequent.

Alle Medien haben einen festen Platz, sodass die Kinder wissen, wo sie diese finden und wohin sie diese zurückräumen, wenn sie sie nicht mehr benutzen. Die Auswahl von Medien berücksichtigt gleichermaßen die Interessen von Mädchen und Jungen ebenso wie ihre verschiedenen ethnischen Hintergründe.

5.6.2 Mediothek in Kombination mit Bibliothek

Wegen der vielfältigen Nutzungsbedürfnisse sowohl der audiovisuellen technischen Medien wie auch der Printmedien bei den Kindern bietet sich ein »Kombinationsraum« an, der sowohl die Inhalte einer Kinderbibliothek (Sach-, Fach- und Jugendbücher) als auch die einer Mediothek (PC, DVD-Player, Whiteboard, Hörbücher, Projektor, Kopierer) bieten kann. Wichtig ist, dass der Raum von der Atmosphäre her ansprechend ist und zum Besuchen und Verweilen einlädt. Dazu gehört, dass das Mobiliar nicht aus einem Sammelsurium von Altmöbeln zusammengestellt wird, sondern sich in Design und Funktion von den üblichen Klassenmöbeln unterscheiden sollte. Auch hier gilt, dass die Anzahl der Sitzplätze einer Klassenstärke entspricht, damit auch klassenbezogene Aufenthaltstunden von der Schule eingeplant werden können.

Die Medien können auch in der Art einer »gebündelten« Lernwelt« aus Mediothek, Bibliothek und diversen Arbeitsstationen in einem Raum arrangiert werden. Die Tische sind mobil und flexibel gestellt, je nach Bedarf vom Einzel- bis zum Gruppenarbeitsplatz. Die technische Ausstattung ist so angelegt, dass sowohl Informationserkundung (Recherchieren) als auch Informationsvermittlung (Präsentieren) problemlos möglich ist – daher bietet der Raum Orte, wo stille Arbeitsvorgänge ebenso möglich sind wie »öffentlich repräsentative«.

Kernstück der Ausstattung sollte ein computergesteuertes »Whiteboard« (oder »Cloudboard«) sein – eine Fläche in Wandtafelgröße, die mit einem elektronischen Stift (bei manchen Modellen auch nur mit einem Finger) wie ein Computerbildschirm zu bedienen ist. Ein solches Whiteboard, auch »Interaktive Tafel« genannt, kann sowohl im Unterricht für große und kleine Lerngruppen als auch in den selbstbestimmten außerunterrrichtlichen Zeiten genutzt werden, z. B. um eine Präsentation vorzubereiten. Die Kinder können so mehrere PC-Arbeitsplätze nutzen, ebenso wie Kopierer, Objekt- und Dokumentenprojektoren sowie fahrbare Einzel-Monitore mit Laptops, Beamer, Abspielgeräte und TV-Wagen.

5.7 Ein persönlicher Raum

Wenn sich Kinder täglich über mehrere Stunden in einer (oder mehreren) pädagogischen Organisationen aufhalten, dort leben, brauchen sie auch einen eigenen Ort für ihre persönlichen Dinge. Dies kann ein Schrank, ein Spind, ein Fach sein, eine Kiste, oder eine große Schublade. Hier haben sie auch die Möglichkeit, persönliche Dinge und ihre nicht beendeten Werke sicher aufzubewahren. Dieser persönliche Raum ist für alle anderen Kinder tabu. Auch Erwachsene müssen fragen, es sei denn, es ist Gefahr im Verzug. Daher sollte dieser persönliche Raum ggf. abschließbar sein.

5.8 Fazit

»Eine gute Raumqualität stellt sich in der Praxis selten von alleine ein« (Bensel, Martinet & Haug-Schnabel 2018: 323). Ganztägige Angebote für Kinder in der mittleren Kindheit sollten genauso als Lebensräume und Bildungsräume verstanden werden wie die Krippe und der Kindergarten auch. Daher sind sie wie Lebensräume und Bildungsräume auszustatten und die Kinder entsprechend zu begleiten. Dazu brauchen die pädagogischen Akteure u. a. Kompetenzen und Ressourcen.

6. Praxisbeispiele:

6.1 Alemannenschule Wutöschingen

Lernatelier der Alemannenschule Wutöschingen.

Der pädagogische Ansatz der Alemannenschule Wutöschingen als Gemeinschaftsschule stellt den Lernwunsch des Kindes in den Mittelpunkt. Die Lust zu lernen, die eigene Neugier und der Wunsch nach Leistung sind drei wichtige Antriebskräfte, mit deren Hilfe sich Menschen Wissensgebiete erschließen und Fertigkeiten entwickeln. Hier wird nach dem Konzept V8-Begleitung gearbeitet. Dies bedeutet konkret, dass:

Auf **v**ielfältigen Wegen mit **v**ielfältigen Menschen an **v**ielfältigen Orten zu **v**ielfältigsten Zeiten mit **v**ielfältigen Materialen in **v**ielfältigen Schritten mit **v**ielfältigen Ideen in **v**ielfältigen Rhythmen zu gemeinsamen Zielen, gearbeitet wird.

Die verschiedenen Lernhäuser der Alemannenschule Wutöschingen sind grob in drei Lernräume einzuteilen:

Im **Lernatelier** (LA) hat jeder Lernpartner und Lernbegleiter seinen eigenen Arbeitsplatz. Sowohl die Architektur, die Farbgebung als auch das Reglement sorgen für eine konzentrierte Arbeitsatmosphäre.

Auf dem **Marktplatz** finden kooperative Lernformen statt. Der Name verdeutlicht, dass hier »Leben in der Bude« ist. Auf den Marktplätzen finden sich die unterschiedlichsten Micro-Räume (zum Stehen, zum Sitzen, zum Liegen etc.) – sodass jeder den optimalen Lernraum findet.

In den **Inputräumen** finden fachliche Inputs statt. Auch können Lernpartner diese Räume nutzen, um in Gruppen konzentriert arbeiten zu können. Jeder Inputraum ist mit Präsentationsmedien ausgestattet.

Lernatelier und Materialangebot der Alemannenschule Wutöschingen.

Über die Schulgebäude hinaus versteht sich die Gemeinde Wutöschingen als **Lerndorf**. Dies äußert sich insbesondere darin, dass das Lernen nach Möglichkeit dort stattfindet, wo es einen Realitätsbezug – und damit eine Relevanz für den Lernenden – gibt. So nutzen Lernpartner und Lernbegleiter unter anderem folgende Räumlichkeiten der Gemeinde:

- »Trotte« (Vereinshaus)
- Sitzungssaal des Rathauses
- Räumlichkeiten im Altenpflegeheim
- Räumlichkeiten in den örtl. Kirchen
- Bauernhof

Marktplatz des weißen Hauses der Alemannenschule Wutöschingen.

Darüber hinaus finden **viele Clubs** auch **im Freien** oder an außerschulischen Orten (z. B. Betrieben) statt. Der »Bienenclub« geht zum Imker, im Club »Lebensraum Wutach« geht es an die nahgelegene Wutach zum Fischen, und für den Club »Abenteuer Wald« trifft man sich auf dem gemeindeeigenen Rastplatz mitten im Wald.

Weitere Informationen zur Alemannenschule Wutöschingen unter:
https://www.alemannenschule-wutoeschingen.de/lernen-3-0/

6.2 Münchner Lernhauskonzept

Das Konzept des Münchner Lernhauses basiert auf einer Reihe von Vorbildern in Deutschland und Europa, die nach dem Clusterprinzip organisiert wurden. Es wurden allerdings die Einzelelemente des Clusterprinzips zu einem spezifischen sozialräumlichen Gesamtkonzept zusammengefügt. Dieses Konzept soll sowohl ein neues räumliches Modell abbilden als auch eine »zeitgemäße Organisationsform für die Arbeitsprozesse in der Schule« ermöglichen (Seydel 2014: 8–11).

Das Münchner Lernhauskonzept wird bestimmt von fünf Zielen:

- »Schüler:innen nehmen Schule nicht nur als Lern- sondern als Lebensort wahr.
- Eine integrierte Planung von Ganztagsschule setzt bei der wechselseitigen Nutzung der Ressourcen nachhaltig Synergien frei.
- Arbeit und Freizeit, Spannung und Entspannung, Bewegung und Ruhe, Lernen mit dem Kopf und Lernen mit den Händen (und Füßen!) wechseln in einem organischen Rhythmus des Ganztags.
- Zeitgemäße Unterrichtsmethoden erhalten den notwendigen Raum.
- Für Lehrerinnen und Lehrer sowie pädagogische Fachkräfte werden die notwendigen räumlichen und organisatorischen Voraussetzungen für arbeitsfähige, multiprofessionelle Teams geschaffen« (Seydel 2014: 5).

Das Grundmuster: Das Schulgebäude ist räumlich als »Cluster« organisiert, nicht als Flurschule: Das bedeutet, um eine gemeinsame »Mitte« sind die Klassen- und Gruppenräume angeordnet (z.B. als »Forum«, »Lerninsel« oder »Schülertreff«). Pro Stockwerk gibt es vier zentrale Unterrichtsräume plus zwei Differenzierungsräume. Hinzu kommen Teamzimmer, Lagerraum und Sanitärbereich. Das Besondere: Von allen Räumen des Clusters besteht eine Sichtbeziehung zur gemeinsamen Mitte. Sie wird multifunktional und durch mehrere Gruppen gleichzeitig genutzt, z.B. als Bühne, für Arbeitsphasen allein oder in Kleingruppen. Sie ist gestaltet z.B. durch Nischen, unterschiedliche Bodenhöhen, halb hohe, fest eingebaute Regalelemente.

Lernhaus Grundschule Landsberger Straße (Herford)

Ausblick: Schulentwicklung gelingt, wenn sich Pädagogik, Architektur und Ausstattung verbinden

von Karin Doberer

Neues Lernen braucht neue (Denk-)Räume

Häufig wird der Zusammenhang von baulichen Maßnahmen und pädagogischem Handeln zu wenig berücksichtigt. Das Festhalten an konventionellen Schulbauweisen, Raummodellen und Nutzungsprinzipien steht in großem Widerspruch zu den bildungspolitischen Forderungen nach praxisorientiertem Unterricht, ganztägiger Betreuung, nach Inklusion und Chancengerechtigkeit sowie partnerschaftlicher Elternarbeit.

Im Mittelpunkt sollte folgende Einsicht stehen:

Gelingendes Lernen und Arbeiten hängt von drei Dimensionen ab, die sich wechselseitig verstärken.

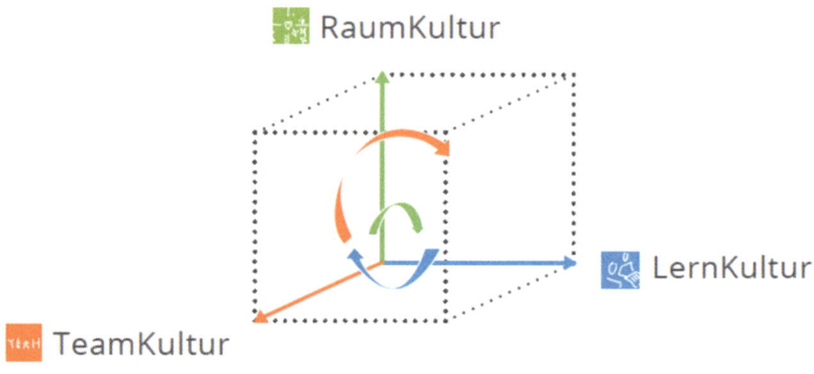

Grafik:© Lernlandschaften, Röckingen

Erst eine integrative Sicht auf Raumkultur, Lernkultur und Teamkultur ermöglicht es, eine pädagogische Architektur zu schaffen, die den Bedürfnissen von Lernenden und Lehrenden bestmöglich gerecht wird.

Synergie wo möglich – Separation wo nötig

Mit Blick auf die steigenden Bau- und Unterhaltskosten ist ein verantwortlicher Umgang mit Flächenressourcen unerlässlich. Die unterschiedlichen Bildungsaufträge von formaler und non-formaler Bildung müssen differenziert gewertet, aber gemeinsam als multiprofessionelle Teams betrachtet werden.

Hierfür braucht es Zeit und Orte der Begegnung sowie ein gemeinsames Regelwerk und sehr viel Kommunikation im Alltag.

Rollen- und Verantwortungsklärung

Zu Beginn eines Planungsprozesses steht immer die Bedarfsanalyse. Gemeint ist hier kein Wunschzettel bezüglich Quadratmeter und Ausstattungsdetails. Es geht um die Fragen:

- Wo stehen wir pädagogisch?
- Wo wollen wir hin?
- Wie kann uns dabei das Gebäude und die Ausstattung unterstützen?

Aufgabe der Schulfamilie ist, Handlungsabläufe zu beschreiben. **Es müssen Funktionen und nicht Räume definiert werden.** Nicht jede Funktion benötigt einen Raum. Das Gebäude muss sich den pädagogischen Bedarfen anpassen. Nicht umgekehrt. Um dies sicherzustellen, ist ein transparenter Planungsprozess auf Augenhöhe zwischen Pädagogik und Architektur von großer Bedeutung und gelingt durch Kommunikation, Kommunikation und noch mehr Kommunikation. Eine externe Moderation mit dem Team kann helfen, Missverständnisse und Fehlinterpretationen zu vermeiden.

Literatur

Bensel, J.; Martinet, F.; Haug-Schnabel, G. (2016): Raum und Ausstattung in Kindertageseinrichtungen und Kindertagespflege. In: S. Viernickel, K. Fuchs-Rechlin, P. Strehmel, C. Preissing, J. Bensel und G. Haug-Schnabel (Hg.): Qualität für alle. Wissenschaftlich begründete Standards für die Kindertagesbetreuung. Freiburg: Herder, S. 317-401.

Born, M. (2012): Akustik in Unterrichtsräumen. In: V.-L. Schneider, E. Adelt, A. Beck und O. Decka (Hg.): Materialien zum Schulbau. Pädagogische Architektur und Ganztag. Teil 1. Der GanzTag in NRW Beiträge zur Qualitätsentwicklung. Institut für soziale Arbeit e.V. Münster/Serviceagentur »Ganztägig lernen in Nordrhein-Westfalen«, S. 44.

Born, M.; Glaubitt, R. (2012): Licht und Beleuchtung in Schulräumen. In: V.-L. Schneider, E. Adelt, A. Beck und O. Decka (Hg.): Materialien zum Schulbau. Pädagogische Architektur und Ganztag. Teil 1. Der GanzTag in NRW Beiträge zur Qualitätsentwicklung. Institut für soziale Arbeit e.V. Münster/Serviceagentur »Ganztägig lernen in Nordrhein-Westfalen«, S. 41–42.

Brockschnieder, F.-J. (2017): Reggio-Pädagogik in der Kita. Freiburg, Basel, Wien: Herder.

Cloos, P.; Bensel, J.; Haug-Schnabel, G.; Wadepohl, H.; Weltzien, D. (2018): Die Dinge und der Raum – einleitende Überlegungen. In: D. Weltzien, H. Wadepohl, P. Cloos, J. Bensel und G. Haug-Schnabel (Hg.): Forschung in der Frühpädagogik. Freiburg im Breisgau: FEL-Verlag Forschung-Entwicklung-Lehre. Band 22, S. 11–29.

Dearing, E.; McCartney, K.; Taylor, B. A. (2009): Does higher quality early child care promote low-income children's math and reading achievement in middle childhood? In: Child development 80 (5), S. 1329–1349.

DGUV – Deutsche Gesetzliche Unfallversicherung (Hg.) (2012): Information: Klasse(n) – Räume für Schulen Empfehlungen für gesundheits- und lernfördernde Klassenzimmer. Unter Mitarbeit von Fachgruppe »Bildungswesen«. Online: https://www.reinbek.de/fileadmin/Gemeinde/Dateien/Unsere_Umwelt/Downloads/Leitfaden/Klassen-Raeume_fuer_Schulen.pdf.

Eaton, W. O.; Mc Keen, N.A.; Campbell, D.W. (2001): The Waxing and Waning of Movement: Implications for Psychological Development. In: Developmental Review, S. 205–223.

Enderlein, O. (2015): Schule ist meine Welt. Ganztagsschule aus der Sicht der Kinder. Themenheft 08. 7. akt. und überarb. Aufl. Berlin: Deutsche Kinder- und Jugendstiftung (Ideen für mehr! Ganztägig lernen).

Enderlein, O. (2023): Alterstypische Lebensthemen und Bedürfnisse von »Großen Kindern« und ihre Bedeutung für die Entwicklung. In: M. Plehn (Hg.): Qualität in Ganztag, Hort und Schulkindbetreuung. Grundlagen zum Leiten, Führen und Managen, Bd. 1. Freiburg: Herder, S. 110–124

ECCE-Study Team – European Child Care and Education (1997): Cross national analyses of the quality and effects of different types of early childhood programs on children's development. Unveröffentlichter Forschungsbericht. Berlin.

Fjeld, T. (2000): Grüne Nachrichten aus dem Norden. Symposium ›Mensch, Pflanzen, Raum. Veitshöchheim, 2000.

Fröbel e.V. (2020): Digitale Medien und Kinder. Digitale Medien sinnvoll in Kindertageseinrichtungen eingesetzt. Online: https://www.froebel-gruppe.de/fileadmin/user/Dokumente/Broschueren_Themenhefte/Themenheft_Digitale_Medien_2020.pdf.

Fthenakis, W. E. (2009): Ko-Konstruktion: Lernen durch Zusammenarbeit. In: *Kinderzeit – Zeitschrift für Pädagogik und Bildung* (3), S. 8–13. Online: https://aba-fachverband.info/ko-konstruktion-lernen-durch-zusammenarbeit/.

GMK – Gesellschaft für Medienpädagogik und Kommunikationskultur (2020): Stellungnahme: Medienbildung – DerSchlüssel für eine chancengerechte Zukunft für alle. 03.07.2020. Bielefeld. Online: https://www.gmk-net.de/wp-content/uploads/2020/07/2020-07-03_Stellungnahme_GMK_Medienbildung-als-Schluuessel.pdf.

Grieper, E. (2013): Lernwerkstätten als Übergangsinstrument. Online: https://www.nifbe.de/component/themensammlung?view=item&id=423:lernwerkstaetten-als-uebergangsinstrument&catid=71.

Gubbels, J. S.; Kremers, S. P. J.; van Kann, D. H. H.; Stafleu, A.; Candel, Math J. J. M.; Dagnelie, P.C. (2011): Interaction between physical environment, social environment, and child characteristics in determining physical activity at child care. In: Health psychology 30 (1), S. 84–90.

Howes, C. (1983): Caregiver behavior in center and family day care. In: Journal of Applied Developmental Psychology 4 (1), S. 99–107.

Kammermeyer, G. (2013): Kognitive Förderung. In: F., Lilian, R., Susanna (Hg.): Handbuch Pädagogik der frühen Kindheit. 3., überarb. Aufl. Berlin: Cornelsen, S. 181–187.

Kempf, D.; Holdampf-Wendel, A. (2014): Pressekonferenz – Studie »Kinder und Jugend 3.0«. Online: https://www.bitkom.org/sites/default/files/file/import/BITKOM-PK-Kinder-und-Jugend-3-0.pdf.

Kinder-Medien-Studie der Verlage Egmont Ehapa, Gruner + Jahr, Panini, Spiegel, Zeit (2018). Online: https://kinder-medien-studie.de/wp-content/uploads/2018/08/KMS_Handout_PK2018_FINAL_V2.pdf.

KMK – Kultusministerkonferenz (2012): Beschluss Medienbildung in der Schule. 08.03.2012. Online: https://www.kmk.org/themen/allgemeinbildende-schulen/weitere-unterrichtsinhalte/medienbildung.html.

KMK – Kultusministerkonferenz: Ganztagsschulen in Deutschland. Ganztagsschulen in Deutschland. Bericht der Kultusministerkonferenz vom 03.12.2015. Sekretariat der Ständigen Konferenz der Kultusminister der Länder in der Bundesrepublik Deutschland. Online: https://www.kmk.org/fileadmin/Dateien/veroeffentlichungen_beschluesse/2015/2015-12-03-Ganztagsschulbericht.pdf

Landesmedienzentrum Baden-Württemberg (2020): Medienbildung in der Grundschule. Online: https://www.lmz-bw.de/medien-und-bildung/grundschule/medienbildung-in-der-grundschule/medienbildung-in-der-grundschule-ein-ueberblick/.

Legendre, A. (2003): Environmental Features Influencing Toddlers' Bioemotional Reactions in Day Care Centers. In: Environment and Behavior 35 (4), S. 523–549.

Liebau, E. (1993): Raum für Kinder. In: Neue Sammlung (4), S. 601–612.

Liegle, L. (2010): Didaktik der indirekten Erziehung. In: G. E. Schäfer, R. Staege, K. Meiners; J. Bilstein (Hg.): Kinderwelten – Bildungswelten. Unterwegs zur Frühpädagogik. Berlin: Cornelsen-Scriptor, S. 11–25.

Maslow, A. H. (1943): A theory of human motivation. In: Psychological Review 50 (4), S. 370–396.

Montessori, M. (1950/1969): Die Entdeckung des Kindes. Freiburg im Breisgau: Herder.

Moore, G. T. (1986): Effects of the spatial definition of behavior settings on children's behavior: A quasi-experimental field study. In: Journal of Environmental Psychology 6 (3), S. 205–231.

MPFS – Medienpädagogischer Forschungsverbund Südwest (Hg.) (2017): KIM-Studie 2016. Kindheit, Internet, Medien. Online: https://www.mpfs.de/studien/kim-studie/2016/

Müller, M. (2012): Innenraumgestaltung von Schulen. In: V.-L. Schneider, E. Adelt, A. Beck und O. Decka (Hg.): Materialien zum Schulbau. Pädagogische Architektur und Ganztag. Teil 1. Der GanzTag in NRW. Beiträge zur Qualitätsentwicklung. Institut für soziale Arbeit e.V. Münster/Serviceagentur »Ganztägig lernen in Nordrhein-Westfalen«, S. 39–41.

Neumann, S. (2012): Pädagogisierung und Verdinglichung. Beobachtungen zur Materialität der Frühpädagogik. In: K. Priem; G. König; R. Casale (Hg.): Die Materialität der Erziehung. Kulturelle und soziale Aspekte pädagogischer Objekte. Zeitschrift für Pädagogik Beiheft 58, S. 168–184.

Nohl, A.-M.; Wulf, C. (Hg.) (2013): Mensch und Ding. Die Materialität pädagogischer Prozesse. In: Zeitschrift für Erziehungswissenschaft Sonderheft 25, S. 1-13.

Opp, G.; Bauer, A. (Hg.) (2015): Lebensraum Schule. Raumkonzepte planen, gestalten, entwickeln. 2., erw. und aktualisierte Aufl. Stuttgart: Fraunhofer IRB.

Plehn, M. (2013): Horte und Formen der Ganztagsschule. Begriffe, Eckdaten zu Nutzung und Personal, Entwicklungen. In: M. Plehn (Hg.): Qualität in Ganztag, Hort und Schulkindbetreuung. Grundlagen zum Leiten, Führen und Managen. Freiburg: Herder, S. 16–30.

Plehn, M. (Hg.) (2013): Qualität in Ganztag, Hort und Schulkindbetreuung. Grundlagen zum Leiten, Führen und Managen. Freiburg: Verlag Herder.

PROKIDS, Herten (Hg.) (2016): So sehen wir das! LBS-Kinderbarometer Deutschland 2016. Stimmungen, Trends und Meinungen von Kindern aus Deutschland. Ergebnisse des Erhebungsjahres 2015, Münster.

Regner, M.; Schubert-Suffrian, F. (2018): Partizipation in der Kita. Freiburg: Herder.

Rütten, A.; Pfeifer, K. (Hg.) (2016): Nationale Empfehlungen für Bewegung und Bewegungsförderung. Gefördert durch das Bundesministerium für Gesundheit aufgrund eines Beschlusses des deutschen Bundestages. Online. https://www.sport.fau.de/files/2016/05/Nationale-Empfehlungen-f%C3%BCr-Bewegung-und-Bewegungsf%C3%B6rderung-2016.pdf.

Ryan, R. M.; Deci, E. L. (2018): Self-determination theory. Basic psychological needs in motivation, development, and wellness. New York, London: The Guilford Press.

Schäfer, G. E.; Beek, A. von der (2013): Didaktik in der frühen Kindheit. Von Reggio lernen und weiterdenken. Weimar: Das Netz.

Schneekloth U. & Pupeter, M. (2010): Wohlbefinden, Wertschätzung, Selbstwirksamkeit: Was Kinder für ein gutes Leben brauchen. In: World Vision Deutschland e.V. (Hg.): Kinder in Deutschland 2010, 2. World Vision Kinderstudie, Frankfurt am Main, 187–221.

Seydel, Otto (2014): Das Münchner LERNHAUS. Chancen für alle. Online: https://www.schulentwicklung-net.de/images/stories/Anlagen/516_Lernhaus_121014.pdf.

Stieve, C. (2008): Von den Dingen lernen. Die Gegenstände unserer Kindheit. Paderborn: Fink.

Strätz, R.; Hermens, C.; Fuchs, R.; Kleinen, K.; Nordt, G.; Wiedemann, P. (Hg.) (2008): Qualität für Schulkinder in Tageseinrichtungen und offenen Ganztagsgrundschulen (QUAST). Ein nationaler Kriterienkatalog. 2. Aufl. Berlin: Cornelsen Scriptor.

Tennstedt, B.; Wedekind, H. (2005): Das Berliner Modell – neue Lern- und Lebensräume in der Ganztagsschule. In: DKJS – Deutsche Kinder- und Jugendstiftung (Hg.): Groß werden mit der Ganztagsschule – Auftaktveranstaltung der Werkstatt »Schule und Lebenswelt« und der Initiative für Grosse Kinder (22.06.2005), S. 35–41.

Tietze, W. (Hg.) (1998): Wie gut sind unsere Kindergärten? Eine Untersuchung zur pädagogischen Qualität in deutschen Kindergärten. Neuwied: Luchterhand.

Tietze, W.; Becker-Stoll, F.; Bensel, J.; Eckhardt, A. G.; Haug-Schnabel, G.; Kalicki, B. (Hg.) (2012): NUBBEK. Nationale Untersuchung zur Bildung, Betreuung und Erziehung in der frühen Kindheit. Fragestellungen und Ergebnisse im Überblick. Online: http://www.nubbek.de/pages/download.php

Tietze, W.; Roßbach, H.-G.; Grenner, K. (2005): Kinder von 4 bis 8 Jahren. Zur Qualität der Erziehung und Bildung in Kindergarten, Grundschule und Familie. Weinheim: Beltz.

Tietze, W.; Rossbach, H.-G.; Stendel, M.; Wellner, B. (2007): Hort- und Ganztagsangebote-Skala (HUGS). Feststellung und Unterstützung pädagogischer Qualität in Horten und außerunterrichtlichen Angeboten. Nachdruck. Berlin: Cornelsen Scriptor.

Tietze, W.; Viernickel, S. (Hg.); Dittrich, I.; Grenner, K.; Hanisch, A.; Marx, J. (2016): Pädagogische Qualität in Tageseinrichtungen für Kinder. Ein nationaler Kriterienkatalog. Vollst. überarb. und akt. Auflage. Weimar: Das Netz.

Tietze, W.; Völkel, P. (2005): Expertise Raumangebot als Qualitätsmerkmal. Berlin: Freie Universität, Fachbereich Erziehungswissenschaft und Psychologie.

van Dieken, C. (2014): Was macht eine gute Krippe aus? In: Frühe Kindheit, S. 34–36.

Verband der deutschen Lack-und Druckfarbenindustrie e.V. (2020): Leichter lernen mit Farbe. Online: https://www.lebe-farbe.de/farbgestaltung-schule-kinderzimmer/).

Viernickel, S.; Fuchs-Rechlin, K.; Strehmel, P.; Preissing, C.; Bensel, J.; Haug-Schnabel, G. (Hg.) (2016): Qualität für alle. Wissenschaftlich begründete Standards für die Kindertagesbetreuung. Freiburg: Herder.

Wohlmann, E. (2016): Die Wirkung von Farbe – Farbpsychologie in der Raumgestaltung. In: *Das Kita-Handbuch*. Online: https://www.kindergartenpaedagogik.de/fachartikel/raumgestaltung/innenraeume/2378.

Wolfert, S. & Pupeter, M. (2018): Freundschaften: Soziales Erprobungsfeld für Kinder. In: Word Vision Deutschland e. V. (Hg.): Kinder in Deutschland 2018, 4. World Vision Kinderstudie, 126–147.

Wüstenberg, W. (1992): Soziale Kompetenz 1 – 2jähriger Kinder. Krabbelstube als Teil des sozialen Netzes und ihr Beitrag für die soziale Entwicklung des Kindes. Zugl.: Frankfurt (Main), Univ., Diss., 1991. Frankfurt am Main: Inst. für Sozialpädag. und Erwachsenenbildung.

Weiterführende Literaturtipps

Appel, S. (2009): Handbuch Ganztagsschule. Praxis, Konzepte, Handreichungen. 6. überarb. Aufl., Schwalbach/Taunus: Wochenschau-Verlag.

Appel, S.; Rother, U. (Hg.) (2012): Schulatmosphäre – Lernlandschaft – Lebenswelt (Jahrbuch Ganztagsschule 2012). Schwalbach/Taunus: Wochenschau-Verlag.

Appel, S. (2015): Lebens-, Bildungs- und Erfahrungsräume in der Ganztagsschule. In: G. Opp, A. Bauer (Hg.): Lebensraum Schule. Raumkonzepte planen, gestalten, entwickeln. 2., erw. und aktualisierte Aufl. Stuttgart: Fraunhofer IRB, S. 167–182.

Derecik, A. (2015): Praxisbuch Schulfreiraum. Gestaltung von Bewegungs- und Ruheräumen an Ganztagsschulen. Wiesbaden: Springer.

Montag Stiftung Jugend und Gesellschaft (Hg.) (2017): Schule planen und bauen 2.0. Grundlagen, Prozesse, Projekte. Berlin: Jovis Verlag.

Rittelmeyer, C. (2009): Wie beurteilen Schülerinnen und Schüler den Schulbau? In: Mensch und Architektur 2009, S. 46–49.

Wilk, M. (2016): Der Raum als Erzieher. Die Bedeutung des Raumes für die kindliche Entwicklung. Marburg: Tectum Verlag.

Die AutorInnen

Dr. Manja Plehn arbeitet an einer Berufsschule für Sozialpädagogik in Hessen. Zuvor war sie fünf Jahre lang Professorin für Pädagogik der Kindheit. Ihre Schwerpunkte sind Kinder in Hort, Schulkindbegleitung und Ganztagsschule sowie Übergänge & Transitionen im Bildungssystem. Sie ist Multiplikatorin für den Bildungs- und Erziehungsplan in Hessen. Seit über zehn Jahren berät sie Schulen, Einrichtungen sowie Träger, hält Vorträge und gibt Weiterbildungen. Dr. Manja Plehn ist Gründungsmitglied und war Sprecherin der AG »Kinder zwischen 6 und 12 Jahren« der Bundesarbeitsgemeinschaft Bildung und Erziehung in der Kindheit (BAG-BEK e.V.).

Dr. Stefan Appel ist Ganztagsschulexperte für Pädagogik, Konzeptionen und Räume der Ganztagsschule; Fachberater, Referent und Gutachter mit mehr als 25-jähriger Erfahrung als Leitender Direktor einer Ganztagsschule und als Bundesvorsitzender des Gemeinnützigen Ganztagsschulverbandes; Träger des Bundesverdienstkreuzes für Verdienste der Ganztagsschulentwicklung in Deutschland; Autor und Herausgeber einer Vielzahl von Publikationen zur Ganztagsschulthematik. Standardwerk: »Handbuch Ganztagsschule. Praxis-Konzepte-Handreichungen«. Kontakt: www.ganztagsschulberatung.de